Leuchtworte

Lass in meine Sprache Sterne regnen,
auf meinen Lippen Blumen blühen,
schreib' mir Worte wie Inseln ins Gesicht
und Sehnsucht auf die Stirn.

PEER DE BEER

SternenBlick

Zwischen den Wolken

Bibliografische Information der Deutschen Nationalbibliothek:
Die Deutsche Nationalbibliothek verzeichnet diese Publikation in der Deutschen Nationalbibliografie; detaillierte bibliografische Daten sind im Internet über http://dnb.d-nb.de abrufbar.

Impressum

Copyright © 2015

Herausgegeben
von

Sternen Blick

www.sternenblick.org
kontakt@sternenblick.org

Herausgeberin:
Stephanie Mattner

Coverbild: © Elena Schweitzer - fotolia.com
Cover- & Buchgestaltung:
Stephanie Mattner

Illustrationen: Loïs Cordelia
www.loiscordelia.com

Lektorat: Jessica Baar

Herstellung und Verlag:
BoD - Books on Demand, Norderstedt

ISBN: 9783739203331

Aufbruch und Ankommen
Ein Geleitwort

Beim Aufschlagen der folgenden Seiten werden zwei Aspekte – sowohl für Projektkenner als auch Neu-Leser – rasch deutlich: 1. welch' weiten Weg das "SternenBlick"-Projekt in den letzten zweieinhalb Jahren zurückgelegt hat und 2. wie viele künstlerische und karitative Errungenschaften – neben all den schon erzielten – uns in Zukunft noch erwarten werden. Denn was wir bereits – und das ist ein kultureller und sozialer Mehrwert – erreichen konnten, ist schließlich erst der Anfang einer Vision, die im Oktober 2014 mit der Herausgabe der Anthologie "SternenBlick: Ein Gedicht für ein Kinderlachen" ihre ersten Schritte ins öffentliche Bewusstsein nahm.

Der zweite, hier vorliegende Band der Reihe versammelt Texte, Gedanken, Stimmungen und Sichtweisen von 90 Autorinnen und Autoren, die zum Teil das Projekt seit den ersten Stunden begleiten oder kürzlich den Weg zur SternenBlick-Gemeinschaft gefunden haben.

"Zwischen den Wolken" changiert im Themenspektrum zwischen Sehnsucht, Zuversicht und Hoffnung, findet Gefallen an Ferne und Tiefe und Sinn in Nähe und Ankommen bei herzbegehrten Dingen.

Ich wünsche Euch beim Entdecken dieser feinsinnigen Gedanken viele bleibende Eindrücke und wärmende Worte.

BEN KRETLOW
(Projektinitiator)

SternenBlick
Zum Geleit

Durch dunkle Nächte scheint uns Licht,
das Wolken bricht und zu uns spricht,
wenn wir uns nicht von ihm entfernen.
Wir lernen, ändern unsre Sicht:
Zusammen gleichen wir den Sternen.

Was ist ein Licht im All allein
im Angesicht der Sterne Schein?
Vereint erhellen sie den Himmel.
Und mag die Nacht auch dunkel sein,
sie begleiten uns als Hoffnungsschimmer.

Wir alle sind wie dieses Licht,
das wolkenreiche Nächte bricht
und zu uns spricht, wenn wir uns fürchten.
Der Augen Blick. Ein Sternenblick.
Auf uns, die wir als Sterne leuchten.

KEVIN HATTENBERG

Unerreichbar

wie

die

Sterne

Nachtfeuer

FINN LORENZEN

In jeder neuen Nacht erklingt
Dein Lied aus schwarzer Ferne.
Wenn deine zarte Stimme singt,
Dann leuchten hell die Sterne.

Wie meine kühle Miene trügt,
Wird niemand je erkennen,
Doch nur ein Sternenblick genügt,
und sie beginnt zu brennen.

Und sieh! In meinem Herzen blüht
Ein flammendroter Schimmer...
Ach, wenn die Sehnsucht ewig glüht,
So brennt mein Herz auf immer.

Was trägt

GISELA BAUDY

Sehnsucht
lässt sich nicht
ausleben.

Sehnsucht
ist die Richtung
die uns trägt.

Stille
bringt sie
zum Klingen.

Ich hoffe ...

Claudia Vollmert von Trausnitz

Vorbei ist der Winter, vorbei. Und ab heute lebt nur noch die Sehnsucht nach Wärme in mir. In einer Welt aus Sehnsüchten zu leben, ist nicht schlimm, denn ein Leben ohne Sehnsüchte ist der Tod jeglichen Lebens. Und wenn die Sehnsucht stirbt, dann stirbt auch der Mensch. Der Frühling zeigt sich an, keimende Strahlen malen auf meinem bisherigen, düsteren Morgen ein zärtliches Licht. Der eisgraue Frost und die eingemauerte Kälte zerfallen zu fließendem Sonnenstaub. Ich atme - Hoffnung! Mitunter bewundere ich die Hoffnung, die mich gleichzeitig leiden und lieben lässt. Diese Hoffnung ist der Weg und das Ziel, eine Wärme, die das Herz bezaubert. Sie ist kein Buch, sondern ein lebendiges Wesen mit einer Macht, die alles mitreißt, was sich ihrer Ausbreitung entgegenstellt. Sie zündet die Flammen der Leidenschaft und innerer Stärke an, wodurch man neu geboren wird. Mein grenzenloser Optimismus in diese Hoffnung ist eine Lebenskraft. Meine Lebenskraft! Meine Kraft, den Kopf hochzuhalten, wenn alles fehlzuschlagen scheint. Meine Kraft, Rückschläge zu ertragen und die die

15

Zukunft niemals dem Gegner überlässt, sondern sie für sich in Anspruch nimmt. Diese Hoffnung hält mich lebendig - das Interesse an dem, was die Begrenzung meiner Erfahrungen sprengt. Sie lässt mich wachsen, indem sie mich an meine Grenzen bringt und darüber hinaus sehen und gehen lässt. Denken, was undenkbar ist. Erfahren, was unfassbar erscheint, bis sich aus der Fülle der Möglichkeiten ein neues Bild der Wirklichkeit ergibt. Was immer ich mir erträumen möchte, ich kann damit beginnen, denn in meiner Sehnsucht nach Wärme wohnen Schöpferkraft, Stärke und der Zauber meiner Hoffnung.

diese art sehnsucht

Michael Starcke

diese art sehnsucht,
etwas zu schreiben,
das wichtiger ist
als abschiede
von einem zuhause.

diese art sehnsucht,
etwas zum leuchten bringen zu wollen,
das präzise bild
einer liebe,
in das man einheiraten möchte,
ohne aus der affäre gezogen zu werden
vom wasserstand
einer flasche alten weins.

diese art sehnsucht,
leben zu wollen
oder aber zu sterben,
das zeitliche zu segnen,
zeit und nichtzeit,
gesuchte stille, geliehene,
die anziehungskraft des meeres,
die schwerkraft des himmels,
zärtliche tage fallsüchtigen glücks.

man muss es kennen lernen,
um zu verstehen, das funkeln,
nach dem im hellen niemand sucht,
steine, das gehärtete elend
versilberter blicke.

Fuge Nr. 1

Wolfgang Mach

Auf der anderen Seite des Meeres
Weit hinter der gaukelnden Brandung
Dort wo Himmel und Meer sich vermischen
Im Gleichgewicht von Hell und Dunkel
Fern hinter dem fremden Horizont
Dort muss es sein das Sehnsuchtsland

Das Land der fröhlichen Schildkröten
Und der traurigen Schmetterlinge
Am Rande der Welt
Dort an den Grenzen zur Wiederkehr
Gerade da wo die späte Sonne
In goldenem Schimmern versinkt

Dort ist die Sonneninsel
Lichtüberflutet wie schillernde Seide
Auch das Tor zu den gefangenen Sternschnuppen
Wo Mastspitzen im zerwühlten Gewässer auftauchen
Da feiern Zugvögel andachtsvolle Stunden
Im Kielwasser der Apokalypse

Immer noch die Wellen himmeltrunken
Wogen Farbmelodien im dunkler werdenden Schatten
Partituren einer stürmischen Komposition erklingen
Schallwellen
Zu einer Schlussfuge

Ein Traum

KURO

Nachtregen an der Scheibe
fragt heimlich und leise:
hast du mich vermisst?
Weil das Herz niemals vergisst,
komm und folge mir.
Tief in dir ist eine Tür,
Buddelschiffe an der Wand,
die Erinnerung aus Sand,
Frau Alice im Wunderland,
reine Liebe, Obsession
spürtest du es immer schon,
Leuchtturm und Träume,
Glasperlenräume...
Komm und folge mir:
Weltunter! Weltunter!

hinter dem schleier

MIRANI MESCHKAT

von sehnsucht weit durch alle zeit geleitet,
fand ich erwachend mich in diesem leben;
mich hat ein traum an diesen ort begleitet,
wo fels sich türmt, wo wilde meere beben,
und seelen tief in brunnenschächten weinen -
wo glanz in kinderaugen langsam stirbt,
und menschen nicht einmal zu wissen scheinen,
dass schon am baum die liebesfrucht verdirbt.
ich steh' inmitten all der erdendinge,
an die ihr glaubt, die ihr euch glücklich preist;
wie immer ich um euren glauben ringe,
bleib ich euch fern und einsam wie ein geist.
den alten traum trag' ich wie einen schleier,
denn er verbirgt mir, was ich nicht ertrage;
und glaubt mir, mit ihm fühle ich mich freier,
solang' ich nicht nach meiner sehnsucht frage.

Unstillbar

SIGUNE SCHNABEL

Ich tauche meinen Anker
in dein Spiegelbild,
um mit dem Blau
die Bootswand anzumalen.
Doch wenn ich aus dir
Farben schöpfe,
fasse ich dich nicht.
Ich trage nur ein fremdes Licht
im Glas.

Schon oft betrat ich deine Ufer
und warf die Netze aus.
Allein: ich brachte nichts als Worte
mit nach Haus,
die ich tagein, tagaus
auf Steine legte,
bis sie des mittags
trocken in die Sonne sprachen.
Keines reichte
bis zur Nacht.

Die Abenteuersucher

Jennifer Heck

Fünf Jahre. Seit er das Café betreten hat, kann ich an nichts anderes mehr denken als an diese zwei Wörter. Fünf Jahre. Zwei nichtssagende Wörter und doch bedeuten sie so viel mehr. Fünf Jahre ist es her, seit ich ihm an diesem düsteren Novembermorgen hinterher gewinkt habe. Fünf Jahre voller Normalität und Langeweile. Fünf Jahre schwarz und weiß.

Und nun ist er wieder hier, steht vorne an der Kaffeetheke, einen Latte Macchiato in der Hand, ein funkelndes Lachen auf den Lippen. Fünf Jahre ist es her und doch erkenne ich ihn sofort. Nur Louis hat dieses Leuchten in der Stimme. Ein Leuchten, mit dem er schon früher Worte wie Glühwürmchen angelockt hat.

Er dreht sich um. Sein Blick begegnet meinem. Augen sind die Fenster zur Seele, heißt ein altes Sprichwort. Meine Oma hat immer gesagt, wenn man nur tief genug in sie hineinblickt, findet man vielleicht Gold auf ihrem Grund. In Louis' Augen braucht man nicht nach Gold zu suchen, sie sind von ihm erfüllt. Denn er ist Louis, der Junge mit den goldenen Augen.

Sein Blick katapultiert mich fünf Jahre zurück. Ich bin wieder zwölf Jahre alt und sitze gelangweilt auf den Stufen vor unserem Haus. Die Straße ist leer - mit der Ausnahme von Mrs. Winters, die mit ihrem Rollator die Straße entlang tuckert. Mrs. Winters grüßt nicht. Sie grüßt nie. Mama sagt, sie lebt in ihrer eigenen Welt. Papa sagt, sie ist nicht ganz richtig im Kopf.

Ich gehe die Straße entlang, vorsichtig Schritt vor Schritt setzend - nur nicht die Linien berühren. In dreizehn Schritten muss ich es bis zur nächsten Laterne schaffen. Und dann in zwölf zur nächsten.

„Du hast die Linie berührt."

Erschrocken fahre ich herum. In dem Hauseingang, an dem ich eben vorbeigesprungen bin, sitzt ein Junge. Seine Haare sehen aus, als hätte er in eine Steckdose gelangt. Er trägt einen mit Flicken übersäten Mantel, der viel zu groß für ihn ist.

„Hab ich gar nicht", rufe ich empört, korrigiere aber schnell meinen Fuß, der tatsächlich auf einer Linie steht.

„Hast du doch." Er grinst frech.

Meine Augen verengen sich zu Schlitzen. „Woher willst du das überhaupt wissen. Du sitzt viel zu weit weg, um es gesehen zu haben."

Der Junge grinst und steht auf. „Schau doch, die Linie, auf die du getreten bist, führt direkt bis zu mir her." Er zeichnet sie mit dem Fuß nach. „Sie hat es mir verraten."

Ich lache. Der Junge ist komisch. „Die Linie kann aber nicht reden."

„Woher willst du das wissen?"

Ich schüttele ungläubig den Kopf. „Das ist doch nur eine Linie zwischen den ganzen Platten."

„Das heißt noch lange nicht, dass sie unwichtig ist. Sie hält mit den anderen Linien die Steinplatten zusammen. Und die Platten tragen dich."

Der Junge erklärt das so ernsthaft, dass ich lachen muss. „Die Platten tragen mich nicht, ich laufe auf ihnen."

„Wenn sie dich nicht tragen würden, würdest du in die Tiefe fallen."

„In welche Tiefe?"

„Na, in die Tiefe darunter."

„Darunter ist doch Boden."

„Woher willst du das wissen?"

„Weil Keine Ahnung." Ich zucke mit den Schultern. „Das ist halt so." Der Junge verwirrt mich. „Wie heißt du?"

„Louis. Und du?"

„Rose."

„Rose." Louis spricht meinen Namen bedächtig aus. „Rosen sind eitle Pflanzen, weißt du das?"

„Eitel?"

„Ja, sie wollen nicht, dass man sie von ihren Sträuchern fortnimmt. Deswegen schützen sie sich mit ihren Dornen. Sie wollen ihre Schönheit für sich allein und sie mit niemandem teilen."

„Vielleicht haben sie auch nur Angst davor, dass jemand ihre Schönheit zerstört."

Louis sieht mich überrascht an. „Möglich. Vielleicht haben sie auch Angst vor der wirklichen Welt da draußen und bleiben lieber in ihrer Seifenblase."

Ich lasse mich auf das Spiel ein. „Es wäre schön, in einer Seifenblase zu leben." Ich denke an die vielen Seifenblasen, die ich in unserem Garten dem Wind übergeben habe. „Nur sollte sie nie platzen, sondern immer höher steigen, bis man auf die ganze Welt hinabblicken kann."

„Aber wäre das nicht etwas einsam?"

„Man könnte zu zweit in einer Blase leben."

Louis betrachtet mich mit einem nachdenklichen Blick. „Ja, das wäre schön. Wir könnten die ganze Welt bereisen."

Mich packt der Eifer. „Au ja. Ich wollte schon immer die Pyramiden in Ägypten sehen. Wir würden tausende Abenteuer erleben. Es wäre viel spannender als hier."

„Auch hier gibt es Abenteuer. Man muss sie nur finden."

„Doch wo soll man suchen?"

„Überall. Mein Opa sagt immer, nur wer sie wirklich sucht, wird sie finden und ist es wert, sie zu entdecken."

„Dann lass uns zusammen ein Abenteuer suchen."

„Okay. Wir werden eins suchen."

„Aber nicht jetzt." Ich trete von einem Fuß auf den anderen. „Ich muss nach Hause."

Louis nickt. „Kommst du wieder?" Ein hoffnungsvoller Unterton schwingt in seiner Stimme mit.

„Ja", sage ich zu meiner eigenen Überraschung sofort.

„Morgen?"

„Morgen."

„Gut. Bis dann, Rose."

„Bis Morgen, Louis."

Er trägt keinen zusammengeflickten Mantel mehr, aber seine Haare stehen noch immer in alle Himmelsrichtungen ab. Ein Lächeln des Wiedererkennens blitzt in seinen goldenen Augen auf. Keine Sekunde später steht vor mir der Junge, der mir beigebracht hat, nach Abenteuern zu suchen, alles zu hinterfragen und die Magie in unserer Welt zu entdecken. Damals wusste ich nicht, dass er selber vor etwas davon lief. Ich las erst viel später davon. Da hat der graue Wagen mit der kalten Frau ihn mir längst fortgenommen.

Manchmal wird einem erst bewusst, wie sehr man jemanden vermisst hat, wenn er direkt vor einem steht. Ich grinse Louis an.

„Du schuldest mir noch ein Abenteuer."

Er zwinkert und reicht mir die Hand. „Dann lass uns danach suchen."

Nichterwachsenwerden

NICOLE GEISSLER

Ich denke zurück
als wir noch Kinder waren
und naiv
an jeden fallenden Stern
einen Wunsch hefteten
die Fäden des Schweigens zogen
und nichts als Liebe dachten.

Ich denke zurück
als wir noch Kinder waren
und unverblümt
unsere Fingerspitzen
in unsere Seele tauchten
einige Samen säten
den Blumen beim Wachsen zusahen.

Heute noch
kann ich sie spüren
die Sprossen deiner Liebe
die Blüte meines Herzen
das Blühen meiner Knochen.

Der Phantasie Triumph

SANDRA SAUPE

Die Zeit, sie vergeht gar rasend schnell;
Monde sinken - die Sonne: flammend, hell
und in ihrem Schein da reflektiert,
was alles um uns herum passiert:

Da strahlen ewig tausende Gestirne,
bunte Planeten in weit gefächerter Ferne,
da schwelen Lichter hundertfach danieder
und leuchten in so vielen Farben wieder,

Und allseits um unser Dasein skurril
bestückt mit Wundern im Sternenstil,
blüht abseits von stumpf stupider Vernunft
beharrlich der Phantasie Triumph.

Lettre d'amour

SABINE WRESKI

Linien deines Gesichts
rund dein Mund
die Brauen über schwarzen Augen
versteckt hinter Glas

Jim Knopf
im Bahnhof steht
dein Zug
die Weichen gestellt
deine Träume Wunderbare aus Papier
schreibbar
dein Wunsch
deine Feder weiß
und weich wie dein scharf bewachtes Herz
hinter ordentlichem Hemd

selten die Kunst
die man beherrscht
edel und wohlgeformt
deine Hände
die mich meinen
herbei schreiben
sich sehnen nach etwas
dass sie füllt
kostbares Gefäß
für Zaubertinte
bar jeden Verrats
lesbar
unseren Fingerspitzen

Klara, alle Gedanken nur an Dich

JAN HEMMERICH

Regennässe
und zum Trotze aller Widrigkeiten
tanzt er im Rinnstein Walzer

wie damals, als das Grammophon
verholen warm echote in schwarzweiß
und Klara in seinen Armen lag
ihr Parfüm roch nach Orangen die bitter sind
und ihre Augen Flutwellen von Blau

Wasser spritzt hoch die Gischt am Schiffsbug
ein Wrack strebt durch verlassene Meere
und irgendwie glitzert der Asphalt

seinen Mantel schleudert er
wie ein Lasso im Western, dann sepia
Küsse von ihr und Erinnerungen von ihr und
Worte von ihr
verblassen lösen sich auf

er dreht sich breitet die Arme aus, immer schneller
Netzhaut hinter angehauchtem Glas
ein Orchester setzt ein, Stille im Saal

Zeitlupe alles, der Walzer, der Regen
Zeitlupe die Wellen die das Meer macht auf der Straße
Augen schließen und der Vorhang fällt
Zeitlupe im Abspann der läuft auf sein Leben
Klara alle Gedanken nur an Dich und Applaus

Ein Entwurf der Sehnsucht

PROJEKT WORT:RAUSCH

Herbeigedachte Arme
nachskizziert
vielleicht
ein Entwurf der Sehnsucht

ich dreh mich
um weil ich will
dich sehen deine flackernden Mundwinkel
das leise Ankommen

Vogel FREI

MARINA MAGGIO

Ich bin nie ganz
auf dieser Erde
gewesen... schon immer
wurzelte mein Stamm
verkehrt herum.

Aus meinen Wurzeln
ließ ich weiße Flügel
sprießen... schon als Kind
begann mein Möwenflug.

Mein Fernweh hält
mir den erdgebundenen
Wind vom Leib... doch
hin und wieder zwingt mich
die salzige Luft zu Boden...

...dann schüttele ich den
Sand ferner Länder aus
meiner Reisebereitschaft,
lege falsche Fährten in den
Landungsbuchten.

Nachts falte ich meine
Heimatlosigkeit zu einem
Ruhekissen und schlafe
zwischen den Dünen
meiner Sehnsucht.

Am Morgen wenn die
ersten Sonnenstrahlen,
Muschelfleisch aus ihren
Häusern ziehen, ist mein
Schatten längst schon fort
und ich bin „VogelFREI".

Die Zeit des Dorf-Bahnhofs

HANNELORE FURCH

Mir war, als schien die Sonne heller,
es stampfte um die Mittagszeit -
vor Freude ging der Puls mir schneller -
ein Dampfross durch die Einsamkeit.

Es schnaufte aus und kam zum Stehen,
der Rauch allein zog fort ins Feld,
ein Schwaden ließ ins Dorf sich wehen
und grüßte von der weiten Welt.

Das Zeichen kam zum Weiterreisen,
dann nichts mehr, was die Stille brach,
ich blieb und träumte an den Gleisen
dem Zug und seinen Pfiffen nach.

Indische Träumerei

SABINE KELLER

Gelbe Wolken steigen in den Himmel auf. Leichthin tanzend vermischen sie sich mit den Pastelltönen des Sonnenuntergangs.

INDISCHER Frühling lullt mich ein in seinen Klang, gibt den Rhythmus vor, reißt mich mit in den Klängen Bollywoods. Hypnotisiert die Sinne, verlockt den Geist.

Rosen von violettem Schaum fließen vorbei. Verbinden sich mit den Wassern aller Farben und Geschmäcker. Ein wildes Konzert der Farbpalette fügt sich in Strudeln zusammen, verführerisch glänzend, schillernd, die ätzende Wirkung verbergend.

INDISCHER Sommer, du trägst mich weiter, lässt mich vergessen, woher ich kam, wohin ich gehen wollte. Lässt mich stillstehen und innehalten.

Der Boden ist grün, grün vom Moos und den Wiesen üppiger Vegetation. Auch vom Schlamm der Farbe aus der Fabrik. Kristallschimmer auf Lehm bietet dem Fuß ein Parkett, auf dem er tanzen möchte. Dahingleiten, sich vergessen, in wilder Ekstase, bis der Morgen kommt. Doch ist er zu müde und hält an.

INDISCHER Herbst, alles legt sich zur Ruhe. Das Auge wird schwer, der Atem auch, alles läuft langsam in Zeitlupe ab. Die Musik wird langsam und leise.

Wenn das stechende Grau den Himmel der Großstadt umwölkt und braun der Fluss ins Meer drängt, weiß ich, es ist INDISCHER Winter. Mein Kopf legt sich auf die dunkle Erde und ist still - mein Herz sehnt sich an einen anderen Ort.

Des Orients Perle

SZIRRA

Küssend geht die Sonne unter,
purpurrot ihr warmes Licht,
streichelt sanft mit letztem Lachen,
des blauen Meeres Angesicht.

Erhebt sich golden aus den Fluten,
edel so der Tag beginnt,
schüchtern spielen laue Winde,
mit Wogen, die gar zärtlich sind.

Gefühlvoll plätschert salzig Wasser,
sickert leise in den Sand,
hier begegnen sich die Träume,
ziehen friedlich über Land.

Mit dem Wind die Blüten wehen,
verbreiten lüstern ihren Duft,
dieser Atem mich beflügelt,
wirbelt Süßes in die Luft.

Entzückt vernehm' ich all die Lieder,
rhythmisch meine Hüfte bebt,
schwebend meine Füße tänzeln,
zur Musik, die in mir lebt.

Tausend Farben sich hier mischen,
wundervoll die bunte Pracht,
tausend Sterne leuchten hell,
für tausend und die eine Nacht.

Sehnsucht hab' ich nach der Ferne,
in das märchenhafte Land,
da ich neben Lebensfreude,
des Orients schönste Perle fand.

Mit allen Segeln

LIESELOTTE DEGENHARDT

Mit allen Segeln
ins Land der fliegenden
Fische tauchen.

Von allen Wassern gewaschen
und wiedergefunden erwacht
im blauen Jonaszimmer des Wals.

Mit allen Segeln
den Winden vertrauen,
dem Fluss und seinem Lauf.

Mit allen Segeln
neuen Ufern entgegen.
Lernen das Erinnern
bis zur Glückseligkeit:
Ich bin ein Fisch.
Ich kann fliegen wie die Fische.

Sternenstaub

JANNA CONRAD

Wenn wir über spitze Steine laufen und tosend
nur Sand zurücklassen
während wir mit klebrigen Fingern,
starr vor geknebeltem Wütendsein
Löcher in das Himmelszelt stechen,
bis daraus Risse werden
und durch Risse Sterne fallen,
die grobe Schuhe und kreischende Reifen
in den Sand pressen -
dann glühen wir vor Eifer und stinkendem Stolz,
bis unsere groben Nasen
und unsere trüben Augen in fettigen Gesichtern
ganz vergessen
wie Leben riecht und Sterben aussieht.

Wir eilen voran, bis wir vergessen,
was uns hierhin trieb.
Darum zermalmen wir Steine und reißen
Sterne aus ihrem tiefschwarzen Zelt,
zwingen unmenschliche Häuser
in die unfruchtbare Steppe unserer Zukunft.
Voran, voran hämmert unser kümmerliches Herz,
bis wir irgendwann zurück blicken
und schmecken, welch' bittere Hoffnung
uns hierhin trieb.

Der kleine Stern

JOSEF HERZOG

Es war einmal ein kleiner Stern, der stand mit vielen anderen Sternen am nächtlichen Himmelszelt und sandte, so gut er dies vermochte, seine funkelnden Strahlen auf die Erde herab. Mit der Zeit aber wurde er immer trauriger, denn er bemerkte, dass alle anderen Sterne um ihn herum viel größer waren und heller strahlten. Nacht für Nacht wurde sein Licht nun immer schwächer, bis es ganz zu erlöschen drohte.

Dies bemerkte der liebe Gott auf seinem Himmelsthron und er eilte zu dem kleinen Stern.
„Warum magst du denn nicht mehr leuchten", fragte Gott besorgt, „bist du etwa krank geworden?"
„Ach, all die anderen Sterne glitzern doch viel prächtiger als ich", antwortete der kleine Stern verdrossen, „da sieht mich doch eh niemand von der Erde. Daher habe ich beschlossen, gar kein Licht mehr auszusenden."

Gott blickte den kleinen Stern mit ernstem Gesicht an und sprach: „Meinst du nicht, dein Bruderstern zur Linken und dein Schwesterstern zur Rechten würden sehr traurig werden, wenn es dich am Himmel nicht mehr gibt? Und wenn sie traurig sind, wird auch ihr Licht bald verlöschen."

„Das mag ja sein", antwortete der kleine Stern, „aber es gibt doch so viele andere Sterne am Firmament, dass ich sie gar nicht zu zählen vermag. Was bin ich da schon mit meinem kleinen Licht?"
„Mit jedem Stern, der nicht mehr leuchten will, werden zwei andere ihr Licht auch nicht mehr aussenden wollen. Noch vor dem Ende dieser Nacht würde es keine Sterne mehr am Himmel geben!", erklärte Gott.
„Aber die Menschen beachten uns doch sowieso nicht mehr", meinte der kleine Stern trotzig, „würde ihnen denn etwas fehlen, wenn sie keine Sterne mehr am Himmel sehen?"

Gott lächelte: „Wenn keine Sterne mehr am Himmel stehen, wäre die Nacht tiefschwarz. Die Menschen würden sich in dieser Finsternis fürchten und mit der Zeit jeglichen Lebensmut verlieren. Das möchtest du doch nicht, oder?"
Der kleine Stern schüttelte nachdenklich den Kopf, und ganz langsam wurde sein Leuchten wieder etwas stärker.

Gerade wollte sich Gott von ihm entfernen, da rief der kleine Stern mit trauriger Stimme: „Aber hättest du mich nicht wenigstens etwas größer und heller machen können?"

Gott trat ganz nahe an den kleinen Stern heran und flüsterte: „Ich habe dich so klein gemacht, damit die anderen Sterne nicht neidisch auf dich werden. Du bist nämlich der wichtigste Stern am ganzen Firmament, denn in dir habe ich den Funken der Hoffnung verborgen."

Sterntaler

Johann Wolfgang Busch

Hörst du von nah und fern erklingen
die Welt im gleichnishaften Bild?
Hörst du das Lied in allen Dingen,
das aus dem Fels der Sehnsucht quillt?

Siehst du der Seele zartes Blühen,
hörst du des Blutes rauschend' Meer?
Siehst du die Götterboten ziehen
vom lichten Stern zur Erde her?

Von eines Gottes reinem Munde
erklingt vom Anbeginn der Zeit
ein Lied aus tiefem Weltengrunde,
als Symphonie der Ewigkeit.

In deinen Gliedern tanzen Geister,
ein Unbekannter singt das Lied,
der, wie des Lebens stiller Meister
in deine junge Seele sieht.

Er hört die tiefen Brunnen raunen,
und sieht den hellen Tag bei Nacht,
sieht, wie im Märchen, voller Staunen,
ein schönes treues Kind erwacht.

Allda wo eine inn're Sonne
sich schenkend, in sein Leben strömt
und wo es voller Opferwonne
aus Sternenquellen widertönt,

Da blüht im ersten Morgentauen
die Himmelsfrucht am Erdenbaum,
und aus den Tropfen lichter Auen
durchklingt ein Sonnenlied den Traum:

„Wenn du dich schenkst wie es gegeben
sich, bis auf's Hemd, der dunklen Zeit,
in Liebe ihm, dein ganzes Leben,
schenkt es dir seine Herrlichkeit.

Und wie aus Himmelstiefen kommen
des ew'gen Chores Kinder gern
und in die leere Hand, der frommen,
schenken sich Sonne, Mond und Stern."

Sehnsucht

ROLF STRACK

Wohin bist du
Unerreichbar und woran?
Alles Hoffen weit
Trifft dich kein Wunsch
Von vielen an
Einmal findet dich
Mein Lied
Sehnsucht führt mich
Auf den Grund
Die Wurzeln der Träume
Erregen mich
Im Gesang der Dinge
Unsprachlich etwas
Spricht sich mir zu
Vergessene Noten
Spüren mich auf
Es spannen sich
Meine Saiten
Ich klinge von deiner
Umfassenden Nähe
Eingehüllt in ein
Unbegrenztes Du

botschaften aus dem nichts

NORA B. HAGEN

windzittern entziffern
vogelflüstern
das zarte winken
eines blütenblatts
die horizontverdunklung,
sanft und bläulich,
einatmen
spuren erfühlen
gedanken fangen
aus der abendluft
schweigend zwischen
den türrahmen stehen,
als zufällig hingetuschtes
stillleben:

frau mit landschaft
wartend
auf ein wort

Ungehorsam

SIGUNE SCHNABEL

Ich bin von meiner Sehnsucht fort gegangen.
In meinem Luftschloss ließ ich sie zurück.
Sie steigt auf schmalen Stufen Richtung Glück.
Ihr Angesicht ist dunkelrot verhangen.

Im Dachstuhl haben Würmer alte Streben
befallen. Bohlen zittern vom Gewicht
des Wollens. Alles bebt und schwingt im Licht
von draußen, ruft nach mir, will mich erheben.

Doch weiß ich wohl, dass Sehnen niemals trägt
und stets als Last in meinen Armen liegt.
Auch wenn es sich so zärtlich an mich schmiegt,

so hat Entbehren seine Art geprägt.
Nach Haben strebt es und will immer fort
und hört - ob sanft, ob rau - nicht auf mein Wort.

Sommernacht

GREGOR GRAF

Des Tages Glut noch in Gassen und in Stuben
Wehen Linden ahnungsvolle Düfte in die
Laue Nacht. Männer stehen dicht an dicht
Im gelben Lichte, rufen Schönen fröhlich zu,
Paare flüstern, kichern leis'. Eine Harley
Dröhnt und röhrt zu Stern des langen
Sehnens und einer geht allein durch dunkle
Straßen, weiß nicht wohin.

Sternschnuppe

Tobias Müller

Lange habe ich mich gefragt,
wo das Ende der Welt wohl liegen mag,
dabei war ich doch immer schon da.
Hab' am Ende der Welt
die Sterne gezählt
und geträumt von einem besseren Jahr.

Als ich kleiner war und noch keiner war,
der nicht dachte, das Leben sei wunderbar,
war'n zumindest die Nächte erhellt;
Waren sternenreich,
der Verheißung gleich,
ich stünde im Zentrum der Welt.

Seitdem hab' ich vieles geseh'n
und gelernt, wie Welten und Sterne entsteh'n.
Und jetzt weiß ich: Nichts dreht sich um mich.
Der Mensch, der ich war
scheint mir sonderbar,
aber der, der ich bin, bin nicht ich.

Schon lang hab' ich nicht mehr gefragt,
was da irgendwann, irgendwo kommen mag;
Und nichts ist mir mehr wunderbar.
Meine Nächte sind leer
und ich träume nicht mehr,
sondern frag' mich: Wozu bin ich da?

Wünsche

Hans-Georg Wigge

Ein Vogel sieht durch eine Scheibe,
auf einem Tisch des Menschen Bleibe,
ein Schüsselchen mit Haferflocken
und lässt sich durch den Hunger locken.

Erregt fliegt er mal hin, mal her
und jubiliert und zwitschert sehr.
Das Glück erscheint ihm heute hold,
schenkt ihm am frühen Morgen Gold.

Mit frohem Lied und Flügelschlag
glaubt er, das sei ein guter Tag,
fliegt eine tollkühn, dreiste Schleife,
stürzt auf die Beute mit Gepfeife.

Doch manchmal trügt der schöne Schein,
das sieht das Vöglein schmerzlich ein
und prallt mit allergrößter Power
vor eine unsichtbare Mauer.

Ein Mensch sieht durch das Glas der Türe,
da streckt ein Vogel alle Viere,
hat Mitleid, will den Armen pflegen,
doch da beginnt der sich zu regen.

Schnell fliegt er fort, bleibt nicht mehr liegen.
„Ach", denkt der Mensch, „könnt´ ich auch fliegen."
Zwei Kreaturen wird enthüllt:
Ein mancher Wunsch bleibt unerfüllt!

Frühlingstraum

Hartmut Warm

Ich schaute die Schönheit der Blüten,
der Formen vollendeten Bau,
ich hörte die Vögel, die Stimmen
und schmeckte die Winde im Blau.

Und als die Autos rasten,
da ward mein Auge wach,
da lag der Stern zertrümmert,
die Ohren, sie zitterten nach.

Doch auf den Käferflügeln,
wer malte die Farben da?
Ihr lacht wohl über den Träumer,
der Göttliches dort auch sah.

Ich träumte, wir spürten es alle,
was offenes Geheimnis doch nur,
von einer erneuten Einheit
von Mensch und Geist und Natur.

Und als die Sägen kreischten,
da ward mein Herze wach,
nun sitz' ich hier alleine
und denke dem Traume nach,

verschließ' das Aug' nicht wieder,
ich träume nicht allein;
wann schließen wir alle die Erde
ins Herz und ins Handeln mit ein?

Flieg mich zum Mond
Eine Kindheitserinnerung
Ana María López (Eideen)

Flieg' mich zum Mond
wir sind bereit
das Kommando
führen wir zusammen

halt noch den Proviant
überprüfen,
Raumanzüge, Sauerstoff-
maske, Triebwerke

und looosss geht'sss...

seht nur die Sterne zum
greifen nahe
und wir fliegen mit unserm
Himmelsschiff

in die Mitte der Galaxie
erkunden neue Welten
und tragen die Geschichten
zurück nach Hause

wir sind die Piraten der Sterne
wir sind nur unseren Regeln
verbunden,
frei, frei, frei wie ein Sommertag

in unserer Rakete
sehen wir neue Sterne
explodieren und
alte Sterne implodieren

uns erhört
das ganze Universum

Ikarus

MICHAEL PILATH

und manchmal male ich in
Gedanken Flügel
und fliege hoch über die Wolken,
wärmender Sonne entgegen,
um dich zu treffen,
allein in einsamer Ruhe,
in der Stille die Zeit vergessend,
nur den Passat des Lebens sürend,
immer höher kreisend,
vereint im Augenblick der Liebe,
bis versengtes Gefieder
mich stürzen läßt...
...und manchmal male ich
in Gedanken Flügel
und fliege hoch über die Wolken.

Auf Anfang

JÖRG KRÜGER (DINGEFINDER)

Wenn hinter den Bergen die Sehnsüchte schweigen
und sich vor dir das weite Meer sonnensatt
von Horizont zu Horizonte dehnt,
als ein Spiegel die blauen Himmel trinkend,

und du, von langer Reise ermattet,
vor den Blüten der großen Mutter kniest,
deine Seele ganz Auge,
schauend das liebliche Gelb des Scharbocks,

und du, von langer Reise ermattet,
den seligen Morgen begrüßt,
deine Seele ganz Ohr,
lauschend dem Frühlingsliede der Amsel,

und du, von langer Reise ermattet,
die Hände in den Staub senkst, dass er Erde werde,
deine Seele ganz tastende Hand,
mit zärtlicher Leichtigkeit den Spuren der Zeit folgend,

und du, von langer Reise ermattet,
das erste zarte Grün umarmst wie einen lange
[vermissten Freund,

deine Seele ganz lüsterne Nase,
zwischen allen Mauern Blütendüften folgend,

und du, von langer Reise ermattet,
einen dunkelrot funkelnden Wein im Glase,
deine Seele ganz Zunge,
erspürend die trockenen Hügel der Weinstöcke,

und die langen Wellen des Atems der großen
[Mutter um dich
und deine Wellen schwingen sich ein
und erstaunt lauschst Du den Melodien,
die aus deinem Munde kommen...

Der

Horizont

hat

noch

Farben

Zauberblüte

PATRICK BREUER

Noch während ich die Steine lege,
ist neue Welt im Anbeginn.
Die Brücken, die sich dunkel heben,
sie führen zu den Sternen hin.

Der Horizont erwacht zum Leben,
ich fühle, wie sein Körper schwingt.
Vollendung einer Zauberblüte,
die leise mit den Kelchen klingt.

Der Hüter des Glücks

TANJA MEHLHASE

Wenn Benjamin traurig war, ging er in das nahegelegene Wäldchen, setzte sich unter seinen Lieblingsbaum und weinte. Er war sicher, dass dort niemand seine Tränen sah, bis eines Tages ein kleines Männchen erschien und ihn ansprach.

„Du bist oft hier und weinst, du musst sehr verzweifelt sein."

Benjamin nickte nur und musterte sein Gegenüber, das wie ein sehr alter Mann aussah, jedoch viel kleiner war und seltsame Kleidung trug, die wie aus einem vergangenen Jahrhundert aussah.

„Ich möchte dir helfen und dir etwas leihen, was du dringender brauchst als ich selbst. In diesem Kästchen ist das Geheimnis des Glücks. Nimm es, aber öffne es nie. Tust du es doch, wird es zu Staub, ein Windstoß und es ist für immer verloren."

Er überreichte Benjamin ein kleines Holzkästchen, das kaum größer war als die Handfläche des Jungen.

„Von nun an bist du der Hüter des Glücks, es wird dir treu sein und dich stets begleiten. Ist es einmal fort, so wird es wiederkehren, wie die Blumen am Ende der kalten Jahreszeit erneut erblühen. Hab

Vertrauen und gib nie die Hoffnung auf."

Das Männchen verneigte sich und war so plötzlich wieder verschwunden, wie es zuvor erschienen war.

Benjamin tat wie ihm geheißen, er hütete das Kästchen und lebte von da an glücklich und zufrieden. Sogar durch schlechte Zeiten trug ihn die Dankbarkeit für die guten. Egal, was ihm widerfuhr, er war sicher, dass das Glück auf seiner Seite war und wartete geduldig, wenn es ihm einmal nicht hold zu sein schien. Seiner Neugier aber, dem Geheimnis des Glücks auf die Spur zu kommen, widerstand er und öffnete das Kästchen nie.

So vergingen die Jahre. Benjamin war nun ein alter Mann und sein Leben neigte sich dem Ende zu. Kurz vor seinem Tod erschien ihm das Männchen aus dem Wald erneut. Es hatte sich nicht verändert, die Zeit schien keine Spuren an ihm zu hinterlassen. Es setzte sich zu Benjamin ans Bett und sprach leise zu ihm: „Du hast mein Kästchen wie versprochen gehütet und hattest ein langes und erfülltes Leben. Das Glück war dir treu wie du ihm. Als Dank möchte ich dir nun das Geheimnis des Glücks zeigen."

Lächelnd öffnete es das Kästchen, in diesem befand sich: nichts.

Polarlichter

KARIN HUFNAGEL

Sie kommen und sie rauben meine Seele
und auch mein Herz, das liegt in ihrer Hand;
Das wilde Farbspiel wird mir zum Verhängnis,
zu spät hab ich die Grausamkeit erkannt.

Wie zarte Feen tanzen sie am Himmel,
doch Geister sind's im zügellosen Rot,
umschlingen mich mit violetten Armen
und küssen die Gefühle einfach tot.

Denn ohne Seele hab ich keine Tränen
und ohne Herz, da bin ich kalt wie Stein;
Es gibt kein Lieben mehr und auch kein Sehnen,
im Schein der Farben bin ich ganz allein.

Der Glanz in meinen Augen ist erloschen,
gestorben ist des Lebens tiefer Sinn.
Dem bunten Treiben kehre ich den Rücken,
weil ich jetzt blind und taub geworden bin.

Doch Hoffnung keimt ganz zaghaft in der Stille,
durchbricht das Eis in meiner kalten Welt;
Ich wisch' vom Himmel all die bunten Geister
und spüre, wie die erste Träne fällt.

Nachtgedanken

ANTJE CLAUSSNITZER

Als ich durch die Nacht gegangen,
kam ein Zauber über mich.
Ich sah am Himmel Sterne prangen
wie ein mit Gold gedeckter Tisch.

Ganz feierlich war mir zumute
unter diesem Prachtportal.
Erst als hier unten alles ruhte,
ward' sichtbar der erhab'ne Saal.

Trost ging aus von diesen Sternen.
Ich war nicht einsam, nur allein.
Mein Blick ging in die weiten Fernen.
Ein Wunder schien mir unser Sein.

Als ich sah, wie klein ich bin,
kam eine Ruhe über mich.
Ich fand in dieser Nacht den Sinn
und bin nun gerne wieder ich.

Mond und Meer

SUSANN KRAFT

Wenn Meer sich nachts zum Schlafen legt
und Mond sein Licht entzündet,
dann scheint's so fern, was Wellen schlägt
und alles Stürmen mündet

ins ruhend-runde Spiegelbild
des himmlischen Gefährten.
Und Meer ergibt sich, ganz gestillt
im Trost des Altbewährten.

Du findest dich in dir

JÜRGEN KOHL

Steig tief hinab in deine Seele
und finde den geheimen Ort,
an dem die Träume dich erwarten,
dann reise weit mit ihnen fort.
Lass dich von deiner Sehnsucht führen,
sie kennt den Weg zum glücklich sein.
Du wirst den Himmel dort berühren
und niemals mehr bist du allein.
Denn alle Wunder, die da wohnen,
sind fortan stetig neben dir,
begleiten dich auf allen Wegen,
als Teil des wahren Lebens hier.
Sie bringen dich zu deinem Ursprung
und füllen dich mit Zuversicht.
Mit ihrer Kraft bleibt stets dein Herz jung,
du wandelst in der Liebe Licht.
In jene Tiefen liegt verborgen,
was dir zum Glück im Leben fehlt,
geh' ohne Furcht und lass dich tragen,
von dem was wirklich für dich zählt.

Wie lange noch?

XENIA D. COSMANN

Zuckende Blitze, ich zähle die Zeit
In diesem gewittrigen Sommer.
Ich fange den Regen in meinem Haar
Und fühle mich dauernd gesegnet.
Dunkelrot in der Einsamkeit
Taucht eine kostbare Stunde ins Meer.
Silbriges Lindengrün gegen Azur
Springt frühe in blinzelnde Lider.
Abend und Morgen, Mittag und Nacht,
Ich sammle die Phasen von Licht.
Gold rinnt mir heiß durch die Hände.
Schnell in den Schatten geschüttet
Ruht es im Brunnen Erinnerung.
Mag sein, dass ich es schöpfen kann
An unberechenbaren Wintertagen.

Aus der Tiefe

MARLIES BLAUTH

Ausgeworfen vom Leben
in eine Wüste aus Fragen gestellt
sind wir nackt
und ruhen auf Betten aus Stein
leere Nächte legen sich
auf unsere Heimstatt

Alles ist weit

Aber wir haben
noch unsere Gedanken:
Die können wir knüpfen und stricken
zu einem Traum
stark genug
Engel zu tragen

Vorsichtig schauen wir
durch die Dunkelzeit
aufwärts

Auf eine andere Seite von uns
die näher ist
als wir denken

Flügge werden

ELSA GARNETTI

Als ich noch klein war, verbrachte ich viel Zeit bei den Tauben meines Vaters. Ich wuchs mehr oder weniger in ihrem Schlag auf. Bei den Vögeln trieb ich mich herum und sah mit ihnen zusammen sehnsüchtig in die Ferne. Wenn mein Vater sie fliegen ließ, strahlte ich vor Glück.

Eines Sommers bezog eine neue Familie den Hof auf der anderen Seite des Tals. Mit ihnen zog auch ein Junge ein. Er war etwas jünger als ich, aber wir verstanden uns gut. So kam es, dass er mich oft bei den Tauben besuchte und sie zusammen mit mir beobachtete.

„Kannst du dir etwas Schöneres vorstellen?", fragte ich ihn eines Tages. Er nickte bedächtig und antwortete langsam: „Die Graugänse, die zur Zeit über unseren Hof in Richtung Süden ziehen, sind noch viel schöner als diese Tauben, denn sie fliegen frei und ziehen, wohin sie wollen." Ich stutzte und er musste mir versprechen, mir diese Zugvögel zu zeigen.

In diesem Herbst lagen wir noch oft und lange zusammen auf dem Vordach der Scheune seines Vaters. Gespannt warteten wir auf das laute Geschnatter, mit dem sich die Vögel ankündigten. Die Luft war klar und unser Atem war schon zu sehen. Eng aneinander gekuschelt spendeten wir uns gegenseitig Wärme. In der ganzen Zeit, die wir zusammen im Bann der Graugänse verbrachten, wurden wir sehr enge Freunde. Er hatte Recht behalten, diese Vögel waren wirklich atemberaubend schön. Ich liebte ihr Schnattern, wenn es durch das ganze Tal hallte. Mit staunenden Augen folgten wir ihrem Flug, wann immer sie zu sehen waren. Die Zeit ohne sie schien mir unendlich lang und leer. Schon bald vermisste ich das Träumen auf dem Vordach. Zwar hatten wir auch Federn gesammelt und da waren die Tauben meines Vaters, doch beides konnte mich nicht recht trösten.

Um dem Abhilfe zu schaffen, lud mich mein Freund zu sich nach Hause ein. Wir kletterten zusammen auf den Scheunenboden und er zeigte mir, was er für mich vorbereitet hatte. Eine große Fläche war freigeräumt worden und kaum waren wir an dem kleinen Kreideeimer angekommen, der mitten darin stand, sagte er zu mir: „Lass uns den Gänsen hinterher reisen. Hier, siehst du das? Dort habe ich unser Zuhause gemalt." Er zeigte auf eine Stelle am Boden, an der ich, als ich näher herantrat, unser Tal erkennen konnte. Die wenigen Höfe und der Fluss, der hindurchfloss, und die Wälder ringsum waren gut zu erkennen. Sogar uns beide hatte er nicht vergessen. Zusammengekuschelt lagen wir auf dem Scheunenvordach. Fröhlich winkte ich unseren gemalten Doppelgängern zu und wir beide mussten laut lachen. „Das ist, als würden wir fliegen!", sagte ich begeistert. „Und wohin willst du fliegen?", fragte er mich lächelnd. „Zeig es mir!" Mit diesen Worten drückte er mir die Kreide in die Hand und wir begannen, uns eigene Welten zu malen. Wir malten Orte, von denen wir schon gehört hatten und welche, die wir uns ausdachten und immer wieder flogen Graugänse einzeln oder in Formation über diese Landschaften. Er zeigte wahre Begabung im Umgang mit Farben und Formen. Es erstaunte mich immer wieder und er brachte mir viel davon bei.

Die Jahre vergingen und trotzdem trafen wir uns immer wieder zum Zug der Graugänse auf dem Dach der Scheune. Den Rest des Jahres verbrachten wir malend und Abenteuer erlebend darunter. Doch langsam gesellte sich Wehmut zu uns in unser Reich. Das Ende meiner Schulzeit war fast erreicht, unaufhaltsam rückte es näher. Wir wussten nicht, was werden würde, nur, dass wir uns vorerst eine ganze Zeit nicht sehen würden. Für meine Ausbildung zog ich in eine Stadt, weit weg von meinen geliebten Graugänsen und ihm. Ganz allmählich verblassten die Bilder von ihnen in meinem Kopf, fast wie ein Schwarm Vögel am Horizont im Dunst der Morgensonne.

Viele Jahre später, lange schon besaß ich meinen

eigenen Laden, stand er plötzlich vor mir. Mit demselben Lächeln, welches er mir früher immer geschenkt hatte, bat er mich, mit ihm auszugehen. Als ich ihn fragte, wie er mich gefunden hatte, antwortete er mir verschmitzt, dass er nur seinem Instinkt gefolgt war. Der sorge ja auch immerhin dafür, dass Vögel ihren Weg finden und sich nie verirren. Plötzlich waren die Bilder wieder da, die Erinnerungen, und die Wärme unserer Kindheit auf dem Scheunenboden durchfluteten mich aufs Neue und ich sagte ihm zu. Wir trafen uns oft. Er lebte nicht weit von mir als Maler und brachte mir, wenn er mich besuchte, frische Blumen mit. Wie auch eines Morgens, als er mit den Blumen auch ein Bild anschleppte. Es zeigte unser Tal, unsere Graugänse und uns als Kinder. Auf seine Frage antwortete ich überglücklich. Wir zogen zusammen zurück aufs Land. Als die Graugänse im nächsten Herbst südwärts zogen, wurde ich seine Frau.

Mohnfeld

INES LANGS

Als ich das Licht der Welt
zum zweiten Mal erblickte,
blühte der Mohn.
Und über's Feld glitt still
ein Habicht auf der Jagd,
erhaben und ruhig.
Mein Herz und Auge schau'n
nun offen in die Welt,
die Wunder zu seh'n.

wenn mein ohr so lauscht...

BEN KRETLOW

wenn mein ohr so lauscht an deiner stille
und dein schweigender ansturm mich berauscht
so als ob in mir ein blühender wille
meine zweifel gegen dein licht eintauscht

ja, es wäre als trittst du nah an mich
und legst deine hand auf das pochen dort
und ich gebe langsam nach und lasse dich
durch meine mauern hinein in mein wort

tanz der libellen

INES FRANZKE

am fluss im klaren sonnenlicht
ergriff es mich
das aug' zuerst, die seele dann
das spiel - libellenfrau und -mann

der tanz im angesicht der welt
den tag erhellt
das schillern erst, die anmut dann
ein reigen, wie ein zauberbann

und dort in grüner seelenruh'
ließ ich es zu
das wunder seh'n und im geleit
das glück der stillen dankbarkeit

Die Kinder von Managua

MARVIN JÜCHTERN

Ihre Kleider flogen weiß wie Möwen in den Wind
und trugen luftig ihre warmen Leiber hin.
Durcheinander und zusammen laufen sie wie blind,
doch jedes bleibt für sich und hebt das Kinn

im Lachen; sie laufen ihren Schatten hinterher
und heben ihre viel zu dünnen Beine,
die immer wieder aufgescheucht in kleine
Formen treten, musterhaft und kreuz und quer,

doch unbestimmt und wie nur sie es machen,
die noch Kinder waren, ohne Angst vor Morgen;
die Augen der Erwachsenen liegen dunkel und verborgen,
voller Sorgen - noch so fern in ihrem Kinderlachen.

Difference

SABINE FENNER

Ich teile nicht deine Worte
Und doch lenken uns die Geschicke
Bin ich mit dir, still und leise

Ich parke dich ein, prinzipiell und überhaupt
Lass uns einfach singen
Ein Stück gemeinsam gehen

Auch wenn Herzen anders klingen
Sprich du über das, was dich bewegt
Ich höre dir zu

Träume nicht deinen Traum
Und doch werde ich dich auf die Reise schicken
Bis zum Horizont und weiter

Komm lass uns lachen, einen Roten trinken
Von mir aus auf den Tischen tanzen
Oder eine ganze Nacht lang reden

Es lohnt sich immer, sich zu drehen
So soll es sein
Sind wir doch ein Teil des Ganzen

Irgendwann

FLORENCE SIWAK

Irgendwann da stellt man fest,
vom Leben bleibt nur noch ein Rest.
Und all die jungen, satten Träume,
sie magerten, es fehlten Räume.

Auch viele meiner kleinen Pläne,
wonach ich mich im Leben sehne,
bleiben Seifenblasen nur:
schillernd, farbig, Sehnsucht pur.

Doch dieses Schillern, dieses Sehnen,
diese Träume - auch mit Tränen
das hat mich - auch wenn mancher lacht -
an vielen Tagen froh gemacht!

Release

MICHAELA FREESE

Einsamkeit ist die Schlange,
die sich um dich wickelt.
Immer enger umschlingt sie Deinen Körper,
sperrt dich ab von der Außenwelt
und versucht Dich für sich zu gewinnen.
Denn Du bist Ihre Nahrung.
Um Ihr zu entkommen, musst Du
glauben - an Dich.
Denn sie wurde geschickt,
um Dir die Augen zu öffnen.

Der Himmel ist zugezogen mit einer dichten, schwarzen Wolkendecke, es regnet in Strömen. Tom schließt das Fenster. Er läuft zur Wohnzimmercouch und sinkt in die Kissen. Der Fernseher läuft. Das Bild zeigt eine Gruppe von Soldaten und Panzer. Plötzlich taucht das Gesicht einer jungen attraktiven Frau in der Menge auf. Das braune Haar ist kurz. Ihre dunklen Augen sanft. Sie steht da und lächelt. Tom läuft zum Fernsehgerät und streckt seine Hand aus. Die Frau streckt ihm ihre Hand entgegen. Sie wendet sich ab und läuft langsam davon. Tom fasst an den Bildschirm, seine Hand gleitet durch die Mattscheibe hindurch. Die Frau entfernt sich. Tom springt in die Szenerie hinein. Er blickt sich um. Hinter ihm zerfällt der Bildschirm. Suchend schaut er umher und entdeckt die Frau in der Ferne. Er rennt ihr hinterher, durch den Kugel-Hagel und die Menge hindurch. Mit einem Mal bricht die Erde auf. Tom steht vor einem Abgrund. Bis zur gegenüberliegenden Seite sind es drei Meter. Dort steht die Frau. Tom nimmt Anlauf. Er springt und stürzt in die Tiefe.

Plötzlich sitzt Tom wieder auf seiner Wohnzimmercouch. Der Fernseher läuft. Die gleiche Szenerie - ohne Frau. Er erhebt sich, läuft zum Gerät und legt seine Hand auf den Bildschirm. Sie gleitet hindurch. Tom steigt in das Gerät hinein und läuft durch die Szenerie, den gleichen Weg wie zuvor. Wieder öffnet sich die Erde.

Tom steht am Abgrund, sieht sich um und erblickt ein langes Brett. Er greift es mit beiden Händen und schiebt es zur anderen Seite der Schlucht hinüber. Er setzt einen Fuß auf das Brett und erblickt auf der gegenüberliegenden Seite die Frau. Sie bewegt ihren Kopf verneinend hin und her. Tom streckt seine Hand aus, setzt den zweiten Fuß nach, zögert, läuft weiter. Sie wendet ihren Blick ab. Tränen rollen über ihre Wangen. Sie senkt ihren Kopf, kniet sich nieder und schiebt das Brett zurück. Tom stürzt ab.

Wieder sitzt Tom auf seiner Couch. Er schnellt

hoch, eilt zum Fernseher und springt in die Szenerie hinein. Tom läuft den gleichen Weg wie zuvor. Wieder öffnet sich die Erde. Auf der gegenüberliegenden Seite steht sie. Tom setzt zu einem Sprung an, doch sie gibt ihm zu verstehen, innezuhalten und zuzusehen. Die Frau dreht sich um, macht eine wischende Handbewegung und der Nebel hinter ihr löst sich auf. Eine märchenhafte Landschaft erscheint. Sie lächelt. Sie führt ihre Hand an ihr Herz und nickt Tom zu. Tom macht es ihr nach und kniet sich nieder. Eine Träne löst sich aus seinem Augenwinkel und rollt die Wange hinunter. Sie küsst ihre Handfläche und pustet den Kuss zu ihm hinüber. Schmetterlinge kommen herbei und fliegen wild umher. Einige lassen sich auf ihr nieder. Einen schickt sie Tom hinüber. Dunkle Wolken ziehen auf, es wird zunehmend dunkler. Es beginnt zu regnen und zu stürmen. Plötzlich bemerkt Tom das Ende eines Videotape - Bandes, das neben ihm aus einer Nebelwand herausflattert. Er greift zu, hält es fest und blickt die Frau an. Sie hebt ihre Hand, lächelt, und nickt ihm zu. Er zögert, läuft langsam los. Durch den Nebel hindurch hangelt er sich am Band entlang und zurück in sein Wohnzimmer.

Der Fernseher ist aus. Tom schaltet ihn ein, greift die Fernbedienung, er geht vor dem Fernseher in die Knie, Verzweiflung spiegelt sich in seinem Gesicht, immer schneller zappt er durch die Programme, nochmal und nochmal, aber das Bild kommt einfach nicht wieder. Tom wimmert, beugt sich auf die Hände und stößt an einen Karton. Er hält inne, zieht ihn hervor und blickt ihn schweigend an. Er greift den Karton, zieht ihn zu sich heran und bewegt sich gleichzeitig rückwärts zur Couch, lehnt sich an, hält inne, hebt den Deckel an und blickt eine Weile auf den Inhalt. Obenauf liegt ein Videotape, er holt es heraus, legt es zur Seite und nimmt die Fotos aus der Kiste. Er lehnt sich zurück und blickt die Fotos durch, auf jedem Bild sieht man ihn und diese Frau, gemeinsam, zusammen und glücklich. Tränen rollen über seine Wangen. Plötzlich zuckt ein Lächeln über seine Mundwinkel. Er wischt die Tränen mit

dem Handrücken weg und will gerade die Bilder zurück in die Kiste legen, da bleibt sein Blick am Zeitungsartikel haften: „Journalistin im Kriegsgebiet erschossen aufgefunden".

Plötzlich setzt sich ein Schmetterling auf seine Hand nieder. Tom blickt ihn an, er steht auf, läuft zum Fenster und öffnet es. Die goldfarbene Sonne hebt sich langsam über die Dächer der Stadt und ein leichter warmer Wind weht ihm entgegen. Tom streckt den Arm aus und der Schmetterling bewegt seine Flügel und fliegt davon. Tom blickt ihm nach, während seine Mundwinkel ein zartes Lächeln formen.

Erneut

MONIKA C. SCHMID

Erneut - lieg' ich gebrochen hier,
hab' überlebt, wie immer!
Der selbe Ort, der selbe Kampf,
doch nur ein and'res Zimmer.

Erneut - lieg' ich zerstückelt hier,
geschunden und geschlagen;
Das Schicksal spielt sein Spiel mit mir,
wie lang kann ich's noch ertragen?

Erneut - lieg' ich gefesselt hier,
mit eisern festen Bändern;
Sie sind aus Stacheldraht und Strom
am Schmerz kann ich nichts ändern.

Erneut - lieg' ich gebettet hier,
am Abschiedsschmerz erfroren;
Du schwebst nach oben, süßer Hauch
den Lebenskampf verloren.

Erneut - schieb' ich die Decke weg,
erheb' den Kopf, wie immer!
Lass' Fesseln, Schmerz und Angst zurück
und verlasse dieses Zimmer.

Wellentag

LUITGARD RENATE KASPER-MERBACH

Im Winkel
meines Wellentags

legt sich
Blau

auf die Seele
des Wachens.

Neben mir
dämmert der
Wald

in die Herzen
der Fragenden

Dort, wo
der Tag
Farben schickt

und uferlos
wartet.

Lass einen bunten Drachen steigen

PILGRIM

Lass einen bunten Drachen steigen,
den du zuvor dir selbst gebaut,
dann kannst du allen zeigen
wie stark du dir selbst vertraut!

Lass einen bunten Drachen steigen,
trau dich ruhig und sei dabei!
Tanze freudig einen Reigen,
tu' es jetzt und fühl' dich frei!

Lass einen bunten Drachen steigen,
hab keine Angst, dass man über dich lacht,
wo alle Sorgen in dir schweigen,
hast du Großes längst vollbracht!

Lass einen bunten Drachen in dir steigen
wie ein unbeschwertes Kind,
ängstlich sind nur die Feigen -
sei ohne Sorgen und frei wie der Wind!

In des Himmels blaue, ferne Weiten,
fernab von bösen Zeiten,
lass deinen bunten Drachen steigen!

Sieh, die freien Winde in den Zweigen!
Was auch kommt und was auch sei:
lebendig rauschen sie vorbei!

Einfaltspinsel

OLIVER WALTER

Ich male mit meinem Einfaltspinsel
wattige Wolken aus Zucker und Zimt.
Ein kleines buntes Farbgerinsel
bildet darunter eine klecksige Insel,
deren Kontur immer weiter verschwimmt.

Ich bemale nach und nach die ganze Wand,
die Borsten kitzeln struppig meine Hand.
Je mehr weiße Fläche unter Bunt verschwindet,
desto mehr unbekanntes, neues Land,
das durch mich seinen Entdecker findet.

Feldpost

DANIELLE WEIDIG

Die letzten Herbstzeitlosen des Jahres 2014 senkten ihre Häupter, als Telefonklingeln mein Lebensgrübeln störte.

„Heiko Claasen", meldete ich mich.

Räuspern. Eine raue Altdamenstimme: „Der Heiko vom Peterle?"

Mein Adamsapfel hüpfte unangenehm hart. Ungewollt barsch gab ich zurück: „Mein Vater ist Peter Claasen. Was wollen Sie?"

Ich stellte mir ein Knacken in der Leitung vor, hörte aber nur Stille. Dann: „Hier spricht Gesine Junghans. Ich wuchs mit Ihrem Vater bei Hamburg auf. Ich rufe alle Claasens in Mainz an, der letzte Wohnort, den ich von ihm habe."

Noch ein Adamsapfelhüpfen. Ich blickte zum Fenster, nebligdiesige Herbstnachmittagsgraupensuppe.

„Ja?", signalisierte ich Gesprächsbereitschaft.

„Ich suche den Peterle", sprach die Frau. „Lebt er noch?"

Ich überlegte. Nach allgemeiner Auffassung bezeichnete man einen Menschen, der mit einem Mix aus Alzheimer und Demenz im Pflegeheim vegetierte, als lebend. Also: „Ja."

„Hier ist ein Päckchen für ihn angekommen. Aus 1944."

Neugierde durchbrach meine Unhöflichkeit. „Was?"

Das Nicken am Ende der Leitung war fühlbar. „Ein junger Mann, Sascha, fand es, als er den Dachboden im Haus seines verstorbenen Großvaters in Altona ausräumte. Es ist von Peterles Vater. Wir vermuten, Saschas Urgroßvater brachte das Päckchen aus dem Krieg mit, von Minsk. Er starb bald nach der Rückkehr, wohl, ohne es abgeben zu können."

Piet-Lasse Claasen, vermisst 1944, letzte Nachricht: Minsk.

„Die Anschrift ist Lampeweg 45, wo Peterle wohnte, mit der Mutter, direkt neben unserem Haus, wo ich noch heute lebe."

Tage später drehte ich das Päckchen in meinen Schaufelhänden. Tabakbeutelklein. Rissiges gelbbraunes Packpapier, geschwungene Schrift. Kein Poststempel. Adresse: Helene (Leni) Claasen für Peterle Claasen. Der Kurzname meiner Oma war Leni, klar, doch wie man meinen Vater Peterle nennen konnte, war mir unverständlich. Peterle klingt nach leicht, fröhlich, pfiffig. Peter Claasen ist das Gegenteil von alledem. Zeitlebens ein Buchhalter, knochig, spröde, wortkarg. Nach dem frühen Tod meiner Mutter erzog er mich, wie man

Welpen aufzog: Sitz, Platz, Aus. Iss, geh zur Schu-
le, Schlafenszeit. Es waren die Siebziger, zu Weih-
nachten wünschte ich mir ein Kettcar und bekam
ein Fahrrad, ich wollte einen Taschen-Miniflipper
und fand einen HP 35-Taschenrechner, ich träum-
te von Matchbox-Autos und packte Bücher aus.
Zudem jedes Jahr ein grässliches Holzpferd, von
Vater geschnitzt.
„Freust du dich?", fragte er alle Weihnachten.
„Ja, danke Papa", log ich jedes Mal.
Mein Leben startete, als ich auszog. Meine Besuche
beschränkten sich auf Geburtstage und Weihnach-
ten. Mein Beitrag zu seiner Krankheit bestand aus
Umzugshilfe ins Heim und der monatlichen Über-
weisung der Pflegekosten.

Letzte Woche stand ich in der Pflegeresidenz „Son-
nenschein" vor dem Rollstuhl, in dem mein Vater
saß, hüftabwärts von einer baumbraunen Woll-
decke ummantelt. Seine wässrigen Augen sahen
durch mich hindurch, seine knochigen Hände
hingen an dürren Armen seitlich und an seinen
Mundwinkeln klebte frischer Speichel. Er wusste
nicht, wer ich war.
Ich sprach Worte, doch keines drang zu ihm durch.
Zuletzt legte ich das Päckchen auf seinen Schoss.
Er rührte sich nicht. „Von Piet-Lasse", sagte ich und
fand meine Stimme heiser. Erinnerte mich, wie
er ihn nannte, die wenigen Male, als er von ihm

sprach. „Von Vati", formulierte ich.

Ein feiner Blitz durchzuckte seine Augäpfel, zart wie Frühmorgensonnentasten am Firmament. Seine wimpernlosen Lider sanken, seine Arme kämpften sich aufwärts, bis seine Finger das Päckchen umarmten. Er kratzte an dem alten Papier, das nicht nachgeben wollte. Dann schob er das Päckchen vom Schoß zu den Knien, als sei die Decke ein Tablett. Langsam und ruckartig hob sich erst sein Hals, dann sein Kinn. Er erinnerte mich an eine gerupfte Krähe. Sein Blick nahm mich wahr und sein rechter Arm schlug auf das Päckchen: „Hilf!"

Ich öffnete es. Es enthielt einen Brief und ein kleines Pferd aus Holz. Die wenigen noch lesbaren Worte waren „versprochen, dir ein Pferdchen zu machen", „Weihnachten sicher nicht bei euch" und „in inniger Liebe". Vater hob das Pferdchen mit beiden Händen vor seine Augen, dann drückte er es ans Herz. Sein Gesicht verzog sich und ich dachte, er würde weinen, doch brach ein Lachen aus ihm, wie ich es nie zuvor von ihm hörte. „Nicht verlassen, nicht vergessen", brüllte er, bis die Pfleger kamen. Ich schickte sie fort. Zum Abschied wischte ich seinen Speichel in mein Taschentuch. Wieder traf mich sein Blick und er wisperte: „Lasst die Toten ruhen." Es klang wie eine Absolution.

Zuhause zurück lief ich als Erstes in den Keller und schleppte den Kasten mit altem Kinderspielzeug in meine Wohnung. Ich zählte siebzehn hölzerne Pferde. Sie bilden nun eine Herde im Wohnzimmerschrank. Als Zweites rief ich Nicole an und bat um ein Treffen, dennoch, nach allem. Sie sagte zu. Womöglich bin ich doch nicht so beziehungsunfähig, wie ich immer glaubte. Als Drittes wusch ich mein Gesicht, sah in den Spiegel und fand meine Nase, eindeutig väterlicherseits vererbt, auf einmal nicht mehr so hässlich.

Heute kaufe ich Herbstblumen. Für Vater. Ich weiß nicht, ob er mich jemals wiedererkennen wird, aber es ist unwichtig. Wichtig ist einzig, dass er nicht vergessen ist.

Rückzug

MARION HARTMANN

Willst Du den Menschen ganz verachten,
der Du geplagt vom Leben bist,
bestohlen um so viele Jahre,
durch Schicksalsschlag und arge List?

Du liebst den Hund, liebst Deinen Garten,
doch abgeschieden bist Du jetzt,
von Menschen, die Dich übel narrten,
fühlst Dich vereinsamt und verletzt.

Und doch, der Mensch war in der Lage,
zu schaffen, was Dein Auge blickt,
die Schöpferkraft brachte zu Tage,
was mit Dir ist und Dich verzückt.

Ein Buch, ein Stift, mit dem Du schreibst,
das Blatt, das Deine Worte hält,
von Menschenhand erbaut das Haus,
das Dich verbirgt vor dieser Welt.

Verachtung wird Dir alles geben,
was Deiner Seele Schmerzen nimmt,
Verachtung wird Dir alles nehmen,
was noch in Menschenherzen glimmt.

So geh' hinaus und schau die Dinge,
die alle Dir zur Seite stehen,
die irgendwann in diesem Sinne,
der Menschengeist sie ließ entstehen.

Sommerabend am Weiher

MARGRET KÜLLMAR

Ein mühevoller Tag geht langsam zu Ende,
ich sitze am Weiher und ringe die Hände,
Ärger am Arbeitsplatz, es drängt die Zeit,
Verdruss in der Familie macht sich breit,
Fragen, nichts als Fragen, mein Herz ist schwer,
wo kommen endlich Antworten her?

Noch erdrücken mich Zorn und Sorgen,
bleibt mir der Zauber des Wassers verborgen,
wie Sonne und Wind mit den Wellen spielen,
die glitzernde Spitzen auf ganz vielen,
dazu Vogelsang, Bienensummen und Fliederduft,
das Rauschen der Bäume in der Abendluft.

Wahrnehmen - erst nach einiger Zeit,
ist mein geschundenes Ich bereit,
Schönheit und Kraft der Natur zu erspüren,
Ideen finden, die zu Lösungen führen,
beruhigend, tröstend, klärend und labend,
er macht mir Mut, dieser Sommerabend.

Seelensonntag

INGE MILLICH

Durch verschlungene Waldpfade wandert meine Seele
leichtfüßig durch grünweiches Moos, durch schlammige Pfützen,
weicht den stolpernden Krabbelkäfern aus und kokettiert mit
flatterhaften Schmetterlingen, erschreckt Schlafmützen,
weit draußen läuten Kirchenglocken zur heiligen Messe,
während hier, in meiner mystischen Welt, ein Kohlmeisenpärchen
aufgeregt plaudernd die Statik prüft von seinem halbfertigen Neste.
Seelensonntag.
Hier bin ich frei. Frei von Lügenworten,
welche von gezwungenen Lippen gesprochen,
mahnend das Ende der Zeit verkünden.
Frei von den Flammen des Fegefeuers.
Frei von falsch verstandenen Sünden.
Frei von schmerzendem Spott und glühender Häme.
Frei von heuchlerischer Frömmigkeit.
Frei für den echten Glauben, den ich ersehne.
Frei für unverschleierte Wahrheit.
Tief unter meinen Füßen höre ich sie fragen,
die unfreien Seelen, festgetreten von ihrem starren Schritt:
Wie lange noch, sollen wir diese Welt denn tragen?
Und ich sage: Kommt doch einfach mit.
Ich sah, wie der Nebel wuchs vom See über's Tal,
hörte lachende Wünsche und Freiheitsgebete.
Und als er verschwand, sah ich ein einziges Mal
den Glückshauch, der fortan meine Seele umwehte.

lichtsanft, oder: Am Fenster

SILKE EBERT

erneut versehnsüchtigt sich
das gesagte Herzdunkle
rauchschwere Fluchtfliegen
am Übergang
zum Scheibenreich

honigfarbene
Dolden aus Regen
und Fingerspiel
flechten Augenblicke
ins blautropfende
Himmelswachs

über schwarmflattrigem Dickicht
kondensieren Fragen
zu Gedankenfäden
weiche ich zurück
stotternden Herzens

Glut der späten Röte

MARION BERGMANN

Sieh
wie aus der glut der späten röte
ein schimmernd' zauber
in den kelch des lebens fällt
Nicht seligkeiten braucht es mehr
im augen-aufblick

Denn sieh
ein liebend herzblut strömt darin
wie deins
wie meins
wie aller liebenden beginn

ein flammenwurf
die welt entzündend

Der Tag, an dem die Welt ausstieg

JENNIFER HILGERT

Der Tag hielt inne
Und ich spendete ihm Applaus
Während die Welt einen
Stopp wagte und ich die Zeit
Dazu nutzte
Mit ihr auszusteigen.
Unsanft wehte mir ein
Frischer Wind durch's Gesicht
Es roch nach einem Neuanfang.

Der Faden

STEPHANIE MATTNER

Spinne aus der Zuversicht lange einen Faden -
formbar, farbig und unendlich,
zieht er durch's Leben, wie verständlich
selbst sich um die Kurven und die Graden.

An dessen Anfang ist die Sehnsucht:
tapfer, mutig, glücksgesinnt;
Und dem Schicksal trotzig nimmt
er ungehalten jede tiefe Schlucht.

Und dann schlängelt er der Wirklichkeit entgegen -
rücksichtlos, unhaltbar, treu.
Von der Vertrauensrolle abgespult und neu
immer wieder, nimmerorts an unsichtbaren Wegen.

Paris

REBECCA SCHMITT

Rotwein formell richtig genießen
In altbewährter Manier
Sind die Schuhe nie flach.
Es ist, wie es ist.

Sehnsucht öffnet die Tür.
Geschlossen betreten atmosphärische Räume.
Und irgendwo flüstert:
„Man geht erst, wenn man auch weiß, wofür."

Der Stille lauschen

ANKA RÖHR

Der Stille lauschen
den Tönen
zwischen den Tönen
Schale werden für den Klang

Sonnenstrahlen suchen
im Nebel
des Getriebes
Lichtinsel werden für den Tag

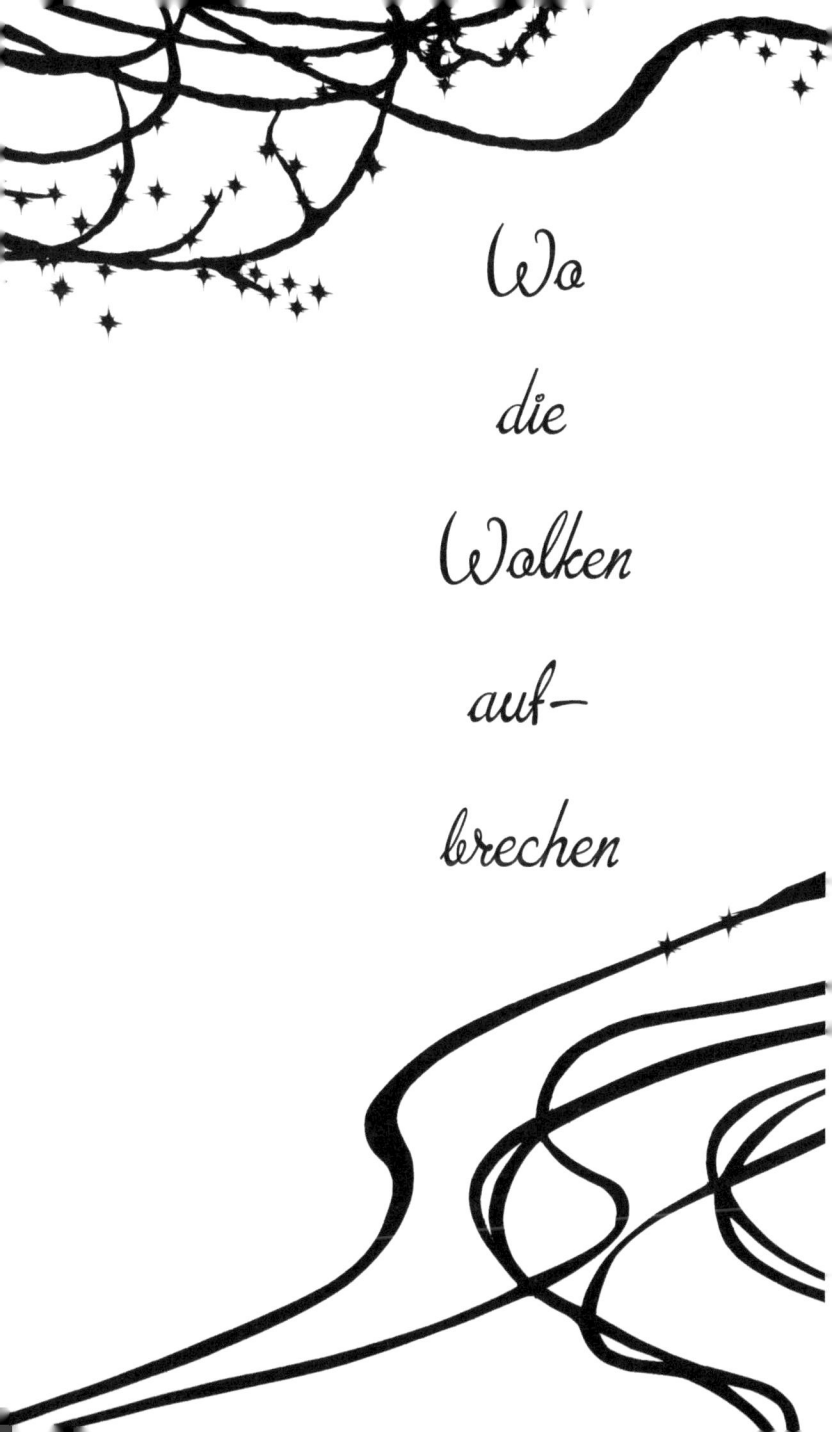

Wo

die

Wolken

auf-

brechen

symphonie des erwachens

INES FRANZKE

ein neuer klang erfüllt den geist
verändert
für immer
das jetzt

verleiht dem lied das leben heißt
melodien
nach neuem
gesetz

verwandelt was in den texten steht
in liebe
in alles
in nichts

erhellt jede zeile im lebensgebet
mit der gnade
des eigenen
lichts

Der Himmelsspiegel

Ein Märchen aus Lesotho

WOLFGANG ENDLER

Es war einmal ein Mädchen, das lebte in einem kleinen Dorf hoch in den Bergen. Ihr Name war Laleli, das bedeutet „der Stern". Immer wenn sie andere Menschen anschaute, lächelten diese sie an. Die Kleine wunderte sich darüber, denn sie war ja nicht immer fröhlich. Manchmal war sie müde, ungeduldig oder ärgerlich. Aber dennoch wurde sie angelächelt. Woran mag das nur liegen?, fragte sie sich so manches Mal. Aber das Mädchen sprach niemanden darauf an, weil das bestimmt eine ganz dumme Frage war.

Eines Morgens begleitete sie ihre Cousine zum Wasserholen. Es fiel ihr leicht, auf dem ebenen Weg den leeren Kanister auf dem Kopf zu tragen, ohne ihn mit den Händen zu berühren. Nach einiger Zeit jedoch wurde der Pfad steil und steinig. Außerdem stachen die Sonnenstrahlen bereits jetzt wie die Stacheln der großen Kakteen am Wegesrand. Erschöpft gelangten beide oben an. Noch vor wenigen Jahren gab es eine Wasserstelle im Dorf, aber dann war die Quelle plötzlich versiegt. Eine uralte Frau erinnerte sich daran, dass während ihrer Kindheit ein Brunnen oberhalb des Ortes benutzt worden war. Niemand wusste mehr, wer ihn gebaut hatte und wie lange das schon zurücklag. Sein kristallklares Wasser aber lohnte den weiten Weg. Bevor Laleli den Behälter in den Brunnenschacht ließ, blickte sie hinunter. Als sich ihre Augen an die Dunkelheit gewöhnt hatten, glaubte sie, ihr Spiegelbild zu erkennen. Doch nein, es war der Sternenhimmel. Im nächsten Augenblick meinte sie wieder, ihr Gesicht zu sehen. Die Bilder flimmerten ein wenig und gingen schnell ineinander über. „Trödel nicht herum", mahnte ihre Cousine. „Großmutter braucht das Wasser dringend zum Kochen des Maisbreies." Schnell füllten beide Mädchen die Kanister und jonglierten ihre Last zum Dorf hinunter.

Kurz vor dem Abendessen bot Laleli an, noch einmal Wasser zu holen. Ihre Tante Teboho war sehr froh darüber, auch wenn sie sich den Eifer des Mädchens überhaupt nicht erklären konnte. Kaum oben angekommen, blickte Laleli gespannt in den Brunnen. Ihr bot sich das gleiche Bild wie am Morgen. Ohne nachzudenken rief sie nach unten: „Ich bin Laleli - und wer bist du?" Aber ihr Spiegelbild wie auch der Sternenhimmel antworteten nicht. Sie schöpfte das Wasser und ging ratlos nach Hause.

Wenige Tage später sagte die Tante zu ihr: „Laleli, ich muss dringend mit dir sprechen." Ihr Gesicht war so sorgenvoll, dass auch das Lächeln des Mädchens nichts ausrichten konnte. Es war, als hätte eine schwarze Wolke das Gesicht der Tante verfinstert. „Dein Onkel hat seine Arbeit im Bergwerk verloren. Wir werden leider im neuen Jahr das Schulgeld für dich nicht mehr bezahlen können. Seit dem Tod von Vater und Mutter ist das nun der dritte schwere Schlag, der dich getroffen hat. Was soll nur aus dir werden?" Und beide waren unendlich traurig und weinten.

Seit diesem schwarzen Tage schlief Laleli nur noch unruhig und wachte oft auf. Als sie eines Nachts wieder einmal nicht mehr schlafen konnte, schlich sie sich aus der Hütte. Sie setzte sich auf den Stumpf des alten Pfirsichbaumes, der im letzten Sommer vom Sturm umgerissen worden war - mit all seinen reifen Früchten. Mit weit geöffneten Augen blickte sie in den Sternenhimmel, der an den Spitzen der hohen Berge angeheftet zu sein schien. Wie oft hatte sie damals nach dem Tod ihrer Eltern den Nachthimmel betrachtet? Mutter hatte ihr eine Karte mit den Sternzeichen hinterlassen. Schon bald kannte Laleli alle Bilder auswendig. Aber was war das dort, oberhalb vom Kreuz des Südens? So etwas hatte sie noch nie gesehen! Die funkelnden Sterne waren wie Augen, Nase und

Mund eines Gesichtes angeordnet. Dieses Sternbild blinkte wie die leuchtende Erscheinung im Brunnenschacht. Das Mädchen war anfangs sprachlos, aber dann formten seine Lippen die gleiche Frage wie Tage zuvor: „Ich bin Laleli, wer bist du?" Dieses Mal aber kam eine Antwort: „Ich bin dein Sternbild. In mir spiegelt sich dein Gesicht, ob lachend oder weinend. Jede Nacht spreche ich mit den Seelen der Menschen." „Hast du auch mit meinen Eltern gesprochen?", fragte Laleli. „Gewiss", antwortete ihr Sternzeichen. „Ihre Trauer ist grenzenlos wie der Himmel. Als sie noch lebten, warst du ihnen eine große Freude. Sie schätzten deine Fröhlichkeit, die auf alle Menschen um dich herum ausstrahlte. Und sie freuten sich auch, dass du so gern zur Schule gingst und dort immer die Beste warst. Doch nun sieht es böse für dich aus." Das Mädchen fragte: „Aber haben sie denn keinen Rat für mich?" „Leider noch nicht", antwortete ihr Sternzeichen. „Vertraue ihnen. Sicher wird ihnen schon bald etwas Geeignetes einfallen. Sie sprechen jede Nacht miteinander." Laleli war froh, von ihren Eltern zu hören. Aber es stimmte sie traurig, dass auch sie keinen Rat wussten. So fragte sie das Sternbild: „Hast du vielleicht eine Idee, wie ich das Schuldgeld zusammenbekommen könnte?" „Behalte mein Bild vor Augen", bekam sie zur Antwort - und das Sternzeichen verblich. Zuerst war das Mädchen furchtbar enttäuscht, aber schon bald fühlte es sich besser.

Die Sterne wollten ihr helfen. Und endlich hatte sie Nachricht von ihren Eltern. Vorsichtig schlich sie sich in die Hütte zurück. Und im Nu war sie eingeschlafen.

Der nächste Tag begann anders als bisher, denn am Morgen durfte sie das erste Mal seit langem nicht mehr zur Schule gehen. Einerseits war das schade, andererseits hatte sie viel mehr Zeit. Selbstverständlich musste sie Tante und Großmutter im Haus helfen, Wasser und Feuerholz holen. Aber ihre Cousinen halfen ja auch und die Jungen hüteten die Schafe und Ziegen. Als sie zum Brunnen hochlief, glitzerte der steile Weg in der Morgensonne. Kleine und große Steine leuchteten in vielen Farben. Sie waren hübsch, aber wertlos. In der Schule hatte sie gelernt, dass auf der anderen Seite des Gebirges tiefe Löcher gegraben wurden. Edle Diamanten wurden dort gefördert. Aber für diese Steinchen hier würde sich ein Erwachsener noch nicht einmal bücken, sondern nur ein Kind wie sie. Wie oft schon hatte sie sich an dem morgendlichen Glanz beim Wasserholen erfreut. Heute aber sah sie all das mit anderen Augen. Dieses rote Stück beispielsweise sah aus wie ein Herz, ein grüner Stein dagegen wirkte wie ein Blatt. Daneben lag ein regelmäßig gewachsener Kristall, der ähnlich aussah wie ein Eiszapfen am Hüttendach. Und hier war ein blau und weiß geäderter, ovaler Stein. Laleli hatte das Gefühl, als schaute sie ein geheimnisvolles Auge an. „Das ist ein Achat", hatte ihr Lehrer gesagt, als sie ihm damals einen ähnlichen Stein gezeigt hatte. Sie schloss die Augen, um besser nachdenken zu können. Plötzlich erschien ihr das Gesicht des Sternbildes. „Behalte mein Bild vor Augen", hatte es gesagt. Was sollte das nur bedeuten? Gedankenverloren sammelte sie die schönsten Stücke ein. Am Ende wogen die Steine mehr als das Wasser, aber innerlich fühlte sie sich leicht wie eine Vogelfeder, die im Wind tanzt.

Als sie im Dorf ankam, saß Großmutter Mpho vor ihrer runden Hütte, die aus großen Steinen gemauert war. Das war von außen aber nicht zu erkennen, da das Haus mit rotem Lehm verputzt war. Die Wand trug hübsche Muster aus schwarzen Linien, die seit langer Zeit in dieser Gegend üblich waren. Früher hatte Oma oft hier gesessen, um Töpfe und Schalen aus Ton anzufertigen. Aber seit einigen Jahren mochte niemand auf dem Markt Töpferwaren kaufen. Allerlei bunte Plastikgefäße wurden in der Stadt angeboten. Und die konnten leichter getragen werden, waren oft auch billiger. Außerdem fanden viele Leute Plastik schick und modern.

„Großmutter, kannst du mir das Töpfern beibringen?", fragte Laleli eines Tages. „Gewiss, mein

Kind", antwortete diese erstaunt. „Aber was kannst du schon damit anfangen? Solchen altmodischen Kram möchte doch hier niemand mehr haben." Und dabei rümpfte sie die Nase, wie es die Städter oft taten, wenn sie irgendetwas „primitiv" fanden. „Bitte zeige es mir einmal. Ich möchte dir erst später erzählen, wofür ich es lernen will", sagte Laleli geheimnisvoll. Oma hatte ihrer Enkelin noch nie eine Bitte abgeschlagen. Und zudem freute sie sich, dass die Kleine anscheinend nicht mehr unglücklich war. Was für eine Idee mochte sie sich wohl ausgeheckt haben? Gebannt beobachtete Laleli, wie unter den Händen der alten Frau eine Schale entstand. Es sah so einfach aus, den feuchten Ton zu dünnen Würsten zu formen und diese dann übereinander zu legen. „So, jetzt versuche du es einmal", sagte Großmutter zu ihrer Enkelin. Oh je, anfangs wurde alles krumm und schief. Was sollte aus diesem „Wurstsalat" nur werden? Aber nach einiger Zeit und den ermunternden Worten von Oma bekam auch die Schale von Laleli endlich Gestalt. Dann drückte das Mädchen ein Muster in den feuchten Ton und verzierte es mit blau und weiß geäderten Achaten. „Das sieht hübsch aus, aber was soll das denn bedeuten?", fragte Großmutter. „Das ist mein Sternbild", antwortete Laleli knapp. Sie erzählte jedoch nichts über ihr merkwürdiges Gespräch. Anschließend wurden die Schalen über Nacht in den Brennofen gesteckt.

Am nächsten Morgen packte sie die Töpferwaren vorsichtig ein und trug ihre Last auf dem Kopf hinunter in die Stadt. Mit nur vier Schalen setzte sich das Mädchen am Busbahnhof neben Frauen, die selbstgeflochtene Matten und Besen anpriesen. Viele Leute kamen vorbei, schauten flüchtig erst die Ware und dann die Kleine an: belustigt, unverständig oder auch mitleidig. Gegen Mittag hatten ihre Nachbarinnen schon einiges verkauft, sie dagegen gar nichts. Laleli war traurig darüber, aber sie wollte nicht eher gehen, bis nicht wenigstens eine dieser Schalen einen Liebhaber gefunden hatte. Plötzlich entstand Unruhe um sie herum. Ein Bus mit ausländischem Kennzeichen hatte gehalten. Mehrere blasse und mit merkwürdigen kurzen Hosen bekleidete Touristen stiegen aus. Einige kamen auch bei ihr vorbei. Eine freundliche Frau nahm eine Schale und fragte sie auf Englisch, ob das ein traditionelles Muster sei. „Nein, das ist mein Sternbild", antwortete Laleli. Sie freute sich nicht nur über das Interesse, sondern auch darüber, dass sie diese fremde Sprache so gut verstand. Die Touristin fragte ihren Mann: „Kennst du dich mit den Sternzeichen der südlichen Hemisphäre aus?" „Nein", sagte dieser. „Aber das Bild hier ist so schön, das müsste noch an den Himmel geheftet werden, wenn's nicht schon vorhanden wäre". Und dabei lachte er so laut, dass auch andere Mitglieder der Reisegruppe aufmerksam wurden. Als der Bus kurz darauf losfuhr, hatte das Mädchen alles verkauft. Sie war so froh und hüpfte manchmal wie der Springbock, den sie gelegentlich auf der Bergwiese sah. Überglücklich erzählte sie alles der Großmutter und bot ihr einen Teil des Geldes an. Aber diese sagte verschmitzt: „Wir sammeln alles für dein Schulgeld. Dafür müssen wir jetzt erst einmal einen Tontopf anfertigen. Und wenn dann noch etwas übrig sein sollte, gehe auch ich noch einmal zur Schule." Laleli sagte lachend zu ihr: „Deine Mutter hatte ja so recht, dich Mpho „das Geschenk" zu nennen."

Fortan arbeiteten beide fast jeden Tag gemeinsam. Am Sonnabend aber ging Laleli in die Stadt. Gern hätte sie mit Großmutter gemeinsam auf dem Markt gesessen, doch der Weg war für die alte Frau zu beschwerlich. So erzählte ihr Laleli am Nachmittag immer, was sie erlebt hatte. „Stell dir vor, neuerdings kaufen auch Einheimische bei mir, nicht nur Touristen. Und neben mir werden jetzt von zwei Frauen auch andere Töpferwaren angeboten." Und so verging der Sommer.

Am Morgen ihres Geburtstages ging Laleli gemeinsam mit Oma zu Tante Teboho. Stolz stellte sie den Tontopf auf den Kopf. Viele Münzen und Geldscheine fielen auf den Tisch. Es war genug für ein halbes Schuljahr. Den erklecklichen Rest gab sie der Tante für den Haushalt, denn irgendetwas fehlte immer in Haus oder Garten. Und am Abend gab es ein Fest, so schön wie schon lange nicht mehr. Alle Nachbarn und Freunde waren eingeladen, aßen und tranken, sangen und tanzten bis in den Morgen.

In der folgenden Nacht aber schlich sich das Mädchen aus der Hütte. Für menschliche Ohren unhörbar sprach sie zu ihrem Sternbild: „Ich bin dir unendlich dankbar, dass du mir geholfen hast." Das glitzernde Gesicht antwortete: „Ich glaube, du hast dir selbst geholfen. So ein kleiner Tipp von mir ist doch nicht der Rede wert." Und Laleli bemerkte das erste Mal, dass die sonst unnahbar und kalt wirkenden Sterne verschmitzt lächeln konnten wie Großmutter Mpho. Das Mädchen fragte: „Hast du Nachricht von meinen Eltern?" „Ja, sie sind so glücklich, dass du wieder froh bist und deinen Weg gefunden hast. Auch wenn sie dir dieses Mal leider keinen Rat geben konnten." Nach einer kleinen Pause sagte das Sternbild: „Ach, fast hätte ich es vergessen. Als wir uns das erste Mal sahen, konntest du dir nicht erklären, warum dich alle Menschen anlächeln? Nun, sie sahen ihr Sternzeichen in deinen Augen leuchten. Jedes Neugeborene bekommt ein persönliches Sternbild mit auf den Lebensweg. Aber leider verliert sich oft schon bald dessen Leuchten, weil es von anderen nicht erwidert wird. Verstehst du, es braucht immer wieder einen Spiegel, um lebendig bleiben zu können. Eine Zeitlang war auch dein Lächeln verblasst, aber du hast es wiedergefunden. Und ich glaube, es wird dich nie mehr verlassen. Ich beobachte dich sehr gern von hier oben, denn in deinen Augen spiegelt sich alles Schöne dieser Welt wider - auch ich." Und ihr war, als ob sich das Schmunzeln ihres Sternbildes über den gesamten Himmel ausbreiten würde. Kurz darauf war es verschwunden.

Ein kluges Wort

RAMONA INA BUGGENHAGEN

Hoffnung ist ein kluges Wort,
sie zieht an einen schönen Ort,
dort wo Menschen Neugier treiben,
zieht sie hin und will dort bleiben.

Hoffnung will uns noch viel sagen
Mit dem Licht ein Tänzchen wagen.
Für die Armen und die Kranken,
wird sie Zuversicht stets tanken.

Hoffnung lehrt uns Kräfte ballen -
lasst das Wort im Raum erschallen!
Das Unmögliche wird doch vollbracht,
für den, der mit der Hoffnung lacht.

Wolkenspiel

LISI SCHUUR

Ich möchte zu den Wolken hin
und will in ihnen baden.
Ich drücke mich in ihre Bäuche,
sie nehmen keinen Schaden.
Ich teil' mir Wolkenstraßen ein,
bespicke sie mit Schildern.
Erbaue mir ein schönes Haus
aus wunderbaren Bildern.
Ich nenn' es Wolkenkuckucksheim
und ziehe gerne ein.
Denn wenn ich aus dem Fenster schau,
seh' ich den Sternenschein.
Und weiter hinten steht der Mond,
er lächelt heute rund.
Wenn morgens meine Sonne scheint,
macht sie mir alles bunt.
Ich stell' mich vor mein Wolkenhaus
und warte auf den Wind.
Ich hör' schon seine Melodie
und freu' mich wie ein Kind,
wenn er mich mitnimmt auf die Reise,
dann nicken meine Wolken weise
und ziehen einfach mit.

Wir fliehen mit den Winden

PAULINE LICHTENBERG

Bist du es, mein Herz? Ich sehe dich vorüberziehen,
dein in Wolken kehrendes Gesicht schmiegt
sich an meine weinende Seele. Wir fliehen
mit den Winden und dein Duft liegt
in den Kissen, in das die Münder schreien.
Ich schenkte dir die Träume zur Nacht,
umhüllte dich mit Wundern. Mein
Kummer zerrt, hat Narben vollbracht.

In traumlosen Monden bleiben
die Erinnerungen an fernster Zeit.
Ich will dein Bild mir einverleiben,
trage deine Wunden zum Kleid.

Frühlingsbefreiung

INGRID HERTA DREWING

Auch du trugst Schnee in deinen Haaren.
Als dich der Sonne Strahl erfasst',
erkanntest du die Last der Jahre,
befreitest sorgsam Ast für Ast.

So wird der junge Frühling greifen
ins Herz dir, lässt dich leicht nun gehen.
Wohin auch deine Blicke schweifen,
siehst du das Leben neu entstehen.

Und leise tönt ein zartes Klingen,
wird zum Crescendo, füllt den Raum.
Das Lied, das schlief, beginnt zu singen
in dir, es blüht dein Frühlingstraum.

Wenn des Himmels...

EPHRAIM K.

Wenn des Himmels blaue Blüte
strahlend ruft vergiss mein nicht,
weit der Mund voll Bodengüte
wärmend seine Seele bricht,
reißt die Hülle deren Schatten
Unsern wahren Leib verschließt,
an dem Korn das Wir erstatten
während Trauer Hoffnung gießt.

Wolken in der Hand

Tobias Müller

Irgendwo über den Wolken,
über all diesem Grau in Grau,
scheint nach wie vor eine Sonne
und der Himmel ist immer noch blau.

Ich will diesen Himmel berühren,
will mich festsaugen an seiner Pracht,
will im Licht des Tages versinken
und ertrinken im Dunkel der Nacht.

Will dem Mond meine Liebe gestehen
und den Sternen all meinen Schmerz.
Bin ich auch unter Wolken gefangen,
gehört doch ihnen mein Herz.

Manchmal, da will ich verzweifeln
und sehe die Sterne nicht mehr.
Grau ist die Welt bei Tage
und die Nächte sind sternenleer.

Ich weiß ja, nach ihnen zu greifen
hat keinen greifbaren Sinn.
So erwarte ich auch kein Verständnis
für das was ich fühle und bin:

Ein Taubstummer unter den Blinden,
ein Träumer ohne Verstand.
Mit Sternen in den Augen -
und Wolken in der Hand.

Hoffnungshalme

NADJA FELSCHER

Grüne Täler des Vergessens
wollen nie umschlichen sein,
doch sollt' den schmalen Weg ich finden,
ich taucht' ins Dunkelgrüne ein.

Grüner Dunst schwallt mir entgegen,
Nebelschwaden fahl ummalt.
Dort würd' um Atemluft ich ringen
und ließ nicht ab von diesem Pfad.

Schluchten stemmten ihre Kraft,
Taleswächter ungestüm.
Gefangen legte ich mich nieder
im farbenlosen Hoffnungsgrün.

Auf kaltem Grunde harrt' ich aus,
gefroren dämmert' ich erstarrt -
und wenn ich leblos glaubt' zu sein,
erwacht' ich in der Gegenwart.

Lichtflug

KNUT BUSCH

Wie viele Jahre ist die Meute hinter dir her
dreißig, fünfzig? du weißt es nicht mehr
stehst am Fluss Angst und atmest schwer

Wie oft hast du dich frei und gut gelogen
hast dich dem Wind wie die Weide gebogen
und dich für eine Hand voll Liebe betrogen

Wie viele Nächte hast du geweint und geflucht
hast deine, statt die wahre Wahrheit gesucht
und nur weitere Schuld auf dein Konto gebucht

Wie groß ist deine Angst vor der geifernden Meute
die dich im Gestern hält, den Weg sperrt ins Heute
sie spielt Fangen mit dir, du bist schon lang ihre Beute

Du ahnst, dass drüben am Fluss andere Welten liegen
spürst, wie die Schmerzen dich tief und tiefer biegen
und dann ist es Zeit, dann beginnst Du zu fliegen

Dorfnacht

EWALD EDEN

Im Sternengarten steht der Mond,
sein Licht zeichnet bizarre Schilder -
gehauchte, warme Sommernacht,
begleitet dunkle, stille Bilder.

In Mondesschein sieht man Bewegung
von lautlos, stillem Eulenflug.
Des Kirchturms Kreuz steht ohne Regung,
inmitten wilder Gänse Zug.

Gelber Kneipenfenster Flecken
zerfließen in der klaren Nacht;
Dahinter mag manch' Elend stecken
von überall wohl hergebracht.

Von bieresfeuchter, schwerer Zunge,
Gemurmel füllt des Kruges Licht
und manches Mal aus voller Lunge
Jemand in lautes Lachen bricht.

In rauchesschwangeren Lampenkreisen -
am Tresen hocken noch Gestalten;
Sie woll'n der Welt die Zukunft weisen
und Jedermann das Glück erhalten.

Nach zwanzig Glas Genever,
vom Wirt in torkelnd Gang gebracht,
verlassen sie den Ort,
wo Schnaps wohl rosa Wolken macht.

Sprechversuche bleiben schwaches Lallen,
vom Wind verschluckt - wie weggewischt.
mit schwerem Kopf in leere Betten fallen,
das Schnarchen mit Geneverdunst vermischt.

Die Nacht spielt ihre alten Rollen
bis Morgen durch dunkle Wolken bricht...

Lied der verwunde(r)ten Seelen

ZARTELLI

Wir hängen so lang schon im Dunst herum
sagen soviel und bleiben doch stumm
man wartet und schluckt und wird dabei alt
brennt in der Sonne ganz innen so kalt

Ach du mein einziger Wesenstraum
du warst mir so unfassbar nah
ach du mein mächtiger Heimatklang
solang schon bist du nicht mehr da

Wir haben uns freiwillig eingesperrt
sitzen gelangweilt im Kitschkonzert
und schauen uns alberne Bilder an
vom Zweisamkeitsglück in der Bimmelbahn

Vielleicht werd' ich einfach nur irre
ich fühle dass etwas geschieht
ich hör' eine himmlische Stimme
die mich aus der Nebelwand zieht

Uns öffnet sich heimlich ein lichter Raum
Wir scharen uns schüchtern am Lebensbaum
wir atmen ganz tief aus befreiter Brust
finden in uns neue Daseinslust

Womöglich ist alles nicht wirklich
singst du nur ein einziges Mal
womöglich bin ich bloß besoffen
mir ist das jetzt schnurzpiepegal

Der mystische Vogel

Susanne Ulrike Maria Albrecht

„Nanu! Was ist denn das?" Erstaunt wich der kleine Mann mit dem bunten Brokatgewand und dem spitzen schwarzen Hut einen Schritt zurück.

„Ein Vogel. Das siehst du doch! Ich grüße dich, großer Zauberer Alonsio!"

Fürwahr. Jetzt, da die große Rauchwolke verschwunden war, konnte er das sprechende Federvieh vor sich sehen. „Na ja. So groß kann meine Zauberkunst nicht sein, mein gefiederter Freund, eigentlich wollte ich ja …"

Der rabenähnliche Vogel mit goldschimmerndem Gefieder schnitt ihm das Wort ab. „Weißt du, mein lieber Alonsio, ich wollte mir einen kleinen Spaß mit dir erlauben", krächzte er.

„Und das ist dir auch gelungen. Wie du siehst, bin ich wirklich überrascht. Du bist ein wahrhaft komischer Vogel. Wie heißt du eigentlich?", fragte der Zauberer neugierig.

„Ach weißt du, Zauberer, Namen habe ich viele, da hat sich schon einiges im Laufe der Jahrhunderte angesammelt, wie du dir ja denken kannst", antwortete ihm der Vogel und gab ihm folgende Erklärung: „Wenn du einen weiblichen Gesprächspartner bevorzugst, wäre mein persönlicher Lieblingsname Edwina". Kaum hatte der Vogel den Namen ausgesprochen, stand auch schon eine wunderschöne, feenähnliche Erscheinung vor dem Zauberer. „Falls du doch lieber mit einem Mann sprechen möchtest, dann wäre ich Eduardo". Er hatte sich bereits in einen säbelrasselnden Ritter verwandelt. „Weißt du, mir sind da keine Grenzen gesetzt, ich bin wirklich sehr wandlungsfähig. Such dir etwas aus!" forderte der Vogel den Zauberer auf.

„Meinetwegen kannst du gerne weiter als Vogel hier herumflattern", entgegnete ihm der Zauberer amüsiert.

„Na schön. Für den Fall bin ich ganz einfach der mystische Vogel". Er flog ein paar Runden, um sich dann wieder direkt vor dem Zauberer zu platzieren.

„Also, mystischer Vogel, was willst du von mir?", fragte der Zauberer, etwas ungeduldig geworden.

„Solange es Menschen gibt, gibt es auch schon uns mystische Vögel. Weil du ein Zauberer bist und ich deine Hilfe brauche, konnte ich einmal eine Ausnahme machen und hier zu dir auf die Erde kommen. Denn es steht geschrieben, ein mystischer Vogel kommt nur einmal auf die Erde, um zu sterben. Leider ist das schon viel zu oft geschehen, und wie du dir vorstellen kannst, gibt es nicht mehr allzu viele von uns. Aus all den Träumen und Hoffnungen geboren, werden wir bei deren Zerstörung

ausgelöscht, vernichtet. Das darfst du nicht zulassen. Du bist unsere letzte Hoffnung. Bitte, hilf uns!"
Kleinlaut fragte der Zauberer den traurigen Vogel, wie er ihnen wohl helfen könnte.

„Begleite mich in meine Heimat Brandonia. Der König hat dort all seinen Untertanen die Freude und das Lachen verboten. Wer sich dieser Anordnung widersetzt, wird eingesperrt. Diejenigen, die in den dunklen Kerkern festgehalten werden, haben all ihren Frohsinn verloren. So wird bald das letzte Lachen erloschen sein." Erwartungsvoll blickte der Vogel den Zauberer an.

„Flieg voraus, gefiederter Freund, und zeige mir den Weg. Es ist Eile geboten. Euren König werde ich mir mal vorknöpfen", erwiderte er unerschrocken und hatte in der Zwischenzeit selbst die Gestalt eines Vogels angenommen.

Überglücklich bedankte sich der Vogel bei ihm und flog voraus.

Noch vor Sonnenaufgang hatten sie die Festung erreicht und flogen in die Gemächer des Königs.

Mutig, wie der Zauberer nun einmal war, sprach er den König ohne Umschweife an und flog dabei hin und her. In seiner Weisheit erkannte der Zauberer sofort, dass der König nicht wirklich böse war, sondern nur traurig. Er wusste sogleich, was zu tun war. Mit einigen alten Zaubertricks, die er schon in der Jugend erlernt hatte, mit ein paar lustigen Geschichten und vielen trickreichen Verwandlungen, war ihm das fast Unmögliche gelungen. Er hatte den König zum Lachen gebracht. Dieser hielt sich den Bauch, die Tränen liefen ihm die Wangen hinunter und von weiterer Lachkrämpfen geschüttelt, ließ er sich auf seinen Thron fallen. Erschöpft, aber glücklich, bedankte sich der König bei dem Zauberer, dass er ihm die Traurigkeit genommen und dafür das Lachen geschenkt hatte. Er forderte den Zauberer auf, einen Wunsch zu äußern.

Alonsio wünschte sich die sofortige Freilassung aller Gefangenen und den Fortbestand und die Freiheit von Frohsinn, Heiterkeit und Lachen. Bereitwillig erfüllte der König den Wunsch des Zauberers.

Der mystische Vogel, der sich vorsichtshalber unsichtbar gemacht hatte, um das ganze Spektakel aufmerksam zu verfolgen, ließ sich erleichtert auf der Schulter des Zauberers nieder. „Ich habe gewusst, dass auf dich Verlass ist. Du hast uns alle gerettet. Wir alle stehen in deiner Schuld, großer Zauberer Alonsio. Wie können wir dir jemals danken?", krächzte der überglückliche Vogel.

Der Zauberer blickte fasziniert aus dem Fenster und sah am Himmel Schwärme von mystischen Vögeln, die sich formierten, um hinaus in die Welt zu fliegen.

„Der Fortbestand aller Träume und Hoffnungen ist mehr als genug Dank, mein lieber gefiederter Freund", antwortete der Zauberer Alonsio weise lächelnd.

Weißt du noch?

DIANA STEIN

Weißt du noch, in alten Zeiten?
Jung an Tagen, fern vom Ziel?
Flogen weiter als in Weiten,
lernten jeden Tag noch viel.

Heute in den späten Jahren,
gut an Tagen, nah am Ziel,
hab ich Mühe zu bewahren,
was in den Schoß mir einmal fiel.

Wenn ich einmal weiterdenke,
reif an Tagen, dicht am Ziel.
Hoff' ich, dass ich nicht verschenke,
was im Leben mir gefiel.

Abschiedsbrief

STEFANIE KIESELMANN

Ein Anruf, der mich bitter traf,
man sagt, du wirst bald von uns gehen.
Fällst wohl in ruhigen, ew`gen Schlaf,
dort kann ich dich nicht wieder sehen.

Wollt` ein paar Worte dir noch sagen,
bevor du friedlich von uns gehst,
kann diese Trauer schwer nur tragen,
ich hoffe, dass du still verstehst.

Ein letztes Wort, das wünscht` ich mir,
zu sagen dir ins Angesicht.
Nun trage ich dein Bild in mir,
das langsam fällt und still zerbricht.

Ich denk` an dich und bet` in Stille,
dass du zufrieden warst im Leben.
Jetzt zählt nur noch dein letzter Wille,
lass` sanft ihn hoch gen Himmel schweben.

Ich wünsch dir, dass du glücklich bist
und dir kein Traum verschlossen blieb;
Dass du auch dort niemals vergisst,
was Leben dir ins Herze schrieb.

Dass Menschen nah bei dir und fern,
dich lieben, ehren, respektieren.
Bist du auch bald ein ferner Stern,
dich aus dem Herzen nie verlieren.

Wenn der Wind die Segel füllt

MIRKO SWATOCH

Wenn der Wind die Segel füllt,
will das Schiffchen sich bewegen,
fort von alten, morschen Stegen,
die von Wellen rau umspült.

Wenn die Sehnsucht dich berührt,
sollst du dich ins Leben wagen,
vor den Wellen nicht verzagen,
auf der Reise, die sie führt.

Gestrandet

SIDGRANI

Schwemmt einst dein Koffer an den Strand
der nicht gelebten Träume,
dann findest du darin nur Sand
und ungepflanzte Bäume.

Der Sand ist weggewehte Zeit
aus deinem schalen Leben,
nur selten fand sie dich bereit,
ihr eine Chance zu geben.

Ein jeder Baum ist eine Tat,
die feige unterblieben,
verkümmert ist der Früchte Saat
von Trägheit aufgerieben.

Vielleicht birgt noch ein Baum die Kraft,
um unverzagt zu sprießen,
es liegt an dir, ob er es schafft,
fang an, ihn zu begießen.

Traumwolken

GABRIELE FRANKE

Der Tag verbrennt
in den Strahlen
der Abendsonne.
Verschwindet
in eimertiefen Löchern.
Gedankenstapel
zwischen Luft und Boden
trennen Lachen und Weinen.
Momente -
randvoll mit Leben.
Blicke schreiten
über wattige Wolkenfelder.
Ihre mattglänzende Stille
verdeckt graublau das Getöse.
Der Mann im Mond -
leg' deinen Kopf an seine Schulter,
wirf Trauriges fort
und schlüpfe in eine andere Haut.
Hoffnung wächst
zwischen milchigen Sternen
und dem Geruch
von feuchter Erde

Befreit

Marion von Vlahovits

Manchmal
gelingt es mir
dann streife ich den Alltag ab
wie ein Kleid,
das mir zu eng geworden ist,
mache mich frei,
frei von allen Sorgen,
frei von allen Zwängen,
lebe ganz
im Hier und Jetzt.
Manchmal
gelingt es mir,
dann schüttle ich
den Alltag ab
wie ein Ballonfahrer
den Ballast,
steige hoch
und höher,
genieße den Höhenflug,
schwebe für einen Augenblick
schwerelos
durch Zeit und Raum.

Spüren

TINA WOLFF

Die Ruhe
Die Stille
Dann
Eine Welle
Ein Unwetter
Ein Toben
Ein Untergang
Aber ich weiß
Um die Stille
In all dem

Es ebbt ab
Es beruhigt sich
Es war eine Erfahrung

Altes Haus

MONIKA PILLER

Hinter dichten Brombeerhecken
und vor aller Welt versteckt,
konnte ich es einst entdecken,
doch es hat mich sehr erschreckt.

Staubbedeckte Fensterscheiben,
leere Zimmer, trübes Licht.
Blicke sollen draußen bleiben,
wenn es innerlich zerbricht.

Müde neigt es sich zur Erde,
findet seine letzte Ruh.
Dass es bald vergessen werde,
Efeu deckt es langsam zu.

Wenn der Wind an Türen rüttelt,
wildes Donnergrollen dröhnt,
wird es heftig durchgeschüttelt,
meint man, dass es leise stöhnt.

Nur in mondscheinhellen Nächten
zieht ein Lichtschweif um das Haus.
Unterliegt es andren Mächten,
sieht es fast wie früher aus.

Schau nur! Eine rote Winde
schiebt sich hoffnungsvoll hinaus.
Dass sich doch noch jemand finde,
rettet dieses alte Haus.

Heimweh nach Dir

UDO BRÜCKMANN

Wenn Säulen der Seele die Last nicht mehr tragen
Der stürzende Blick aus der Sicht eines Kindes
Vergess' ich zu atmen an endlosen Tagen
Und hör' meine Stimme als Echo des Windes

Verzeih mir - für all jene Worte
Die unausgesprochen in Türmen verhungern
Das Leben verleugnet verkümmernde Orte
Verzehrt all die Wärme der hoffenden Stunden

Das Zimmer ist leer, der Körper erstarrt
Dein Lächeln verzaubert die singenden Lieder
Auf Inseln in lichtvollen Träumen verwahrt
Sehen wir gestern, heute und morgen uns wieder

Vereint in Gedanken vertrauter Gesichter
Leuchtende Strahlen umgeben die Hände
In Göttlichen Sphären sind tausende Lichter
Bereiten dem Anfang ein sterbendes Ende

Ein Sonntag im Park
Für Ursula

Annelie Kelch

Weißt du noch -
damals, vor gut einem halben Jahrhundert,
im Stadtpark, am Schwanenteich,
als du die Farben des Lebens mischtest,
während ich an Worten und Luftschlössern baute?
Weißt du noch -
wie weiße Wolken
zogen die Schwäne an uns vorbei.
Leute kamen, gingen, verweilten,
kommentierten dein unvollendetes Werk.

Bevor wir heimgingen,
trug ich dir mein
neustes Gedicht vor.
Wir lachten uns (wieder mal) scheckig.
Ich sagte: „Nur mein Gedicht ist komisch;
ich bin es mitnichten, wie du längst weißt,"
und wir lachten noch mehr.

Immer noch trag' ich
die alte Hoffnung im Herzen
und dein Bild mit mir herum:

das weiße Schwanenhaus
unterm Laub der hohen Bäume,
die grüne Entengrütze im grünen Teich …

Wohin

ALAYNA A. GROSS

Wohin
treiben Wolken
aus Einsamkeit
auferstanden

zwielichtig erwachsend
verhüllen erdrücktes
Leben

aufhellend
weichend dem Licht
beginnen sie
sich zu verflüchtigen

sich windend
in der Ferne
gedeihen
neue Triebe

Raben

ANNIKA RINGS

Begegnung von Tag und Nacht
versammelt
im Schatten
Eurer Rabenflügel

Von ferne dringt Euer Ruf zu mir
wie längst vergessene Lieder
mit Euch, die Ihr Euresgleichen ruft
Ihr Kinder der Nacht
verbunden sein

Aufgehen in Eurer Mitte
ein Punkt unter Punkten
nicht Mittelpunkt
noch Rand

Schließt Euren Kreis
kein Schwert kann ihn spalten
erhebt Euch zum Flug
kein Zaun kann Euch halten

Betrachtend von fern
längst gebrochen
meine Flügel

Seh' ich Euch schweben
wie schwarze Sterne
versunken
im ewigen Blau

Das Gedankennest

DAGMAR HERRMANN

Die Sturmböe zerzaust das Haar
spröde werden die Lippen geküsst
vom Salz des Meeresgottes, der
keine Unterschiede macht -
er schickt
seine Wellenreiter
über die Dünen

Es klammert der Halm sich fest
in den Boden, die Wurzel schlingt
sich um zaudernde Knöchel
slow motion, die Welt treibt
vorüber, für eine kurze Weile
bleibt sie für mich
im Alleingang
stehen

Unter dem Wolkendach bauen
Wildgänse eine Burg, und die
Möwen erreichen ein Crescendo
das in den Ohren nachhallt
Wenn die Birken sich hin zu
dir neigen, lasse den Vogel fliegen
der sich in deinem
Gedankennest
verfangen

wiederwald

BERND POL

einmal gab's hier stille wege
und dazwischen stand ein wald
raureif schmolz in sonnenflecken
und irgendwo rief fern ein reh

das war bevor der sommer kam
mit mückensturm und hektik pur
da als die welt zu brei zerlief
in den städten weit vor dem wald

und nun will schon wieder
frühling sein vor meinem bett
unter dem alleinsamen baum
der alleine einen wald vertritt

es ist so still in mir
beim ersten amsellauschen
und ich such' in sommerlavaresten
nach eicheln vom vorletzten jahr

bäume möcht' ich wieder pflanzen
rund um meine leisen wege
solche die mich überdauern
vom raureif bis zur sommerschmelze

und immer soll es eicheln geben
und immer wieder neue wälder
und immer wege die zum frühling führen
und immer amselspätgesang

dann bleib ich in den kissen still
und schick mir meine baumgedanken
irgendwo auf alte wanderwege
weitab vom lärm im wiederwald

Wie wahr...

NIKLAS HOPPE

Wie wahr, dass vor uns leise Funken sprühen,
vom Lagerfeuer steigend, doch zu bald
verzehren sie sich selbst und sie verglühen
fernab der roten Glut und werden kalt.

Wie wahr, dass über uns die Sterne blinken.
Als wenn sie Teil des Zeitgefüges wär'n,
belächeln sie die Menschenwelt und winken
fernab der großen Stadt und sind sich fern.

Wie wahr, dass wir bis in die Morgenfrühen
den Nächten trotzen und am blauen Teich
uns gegenseitig wärmen und berühren,
damit wir Funke sind und Stern zugleich!

Blütenwind

SUSANN KRAFT

Ich seh' die Blütenblättchen fallen
und weiß nicht, ob ich weinen soll.
Ein Wünschen will sich in mir ballen,
momentlich bleibend, heiß und voll,

die Schönheit fest im Blick zu greifen,
auf dass der Wind sie nicht verweht.
Doch was nicht fällt, kann auch nicht reifen.
So geht das Leben, treu und stet.

Niemand glaubt an Dich

PHILIPP SPIELMANN

Ich wache in einer Wüste auf. Heißer Sand dringt zwischen meine Zehen. Rot, die Luft - und rot sind die Hügel aus Sand um mich herum. Ein Mond strahlt, anstelle der Sonne am Himmel und doch ist es heiß und hell - wahnsinnig hell. Ich halte mir den Ellenbogen an die nasse Stirn, der Wind peitscht mir Sandkörner in die Augen, da - erkenne einen Schatten am Horizont, eine flackernde Silhouette. Ein Mensch.

„HEEEEEY", schreie ich, doch er antwortet nicht. Ich laufe, laufe zu ihm, mit wackeligen Schritten, sinke ein und grabe mich wieder aus, krabbele den Hügel aus Sand hinauf und spüre, wie meine Füße keinen Halt finden, wirbele den Staub auf und muss schneller, schneller klettern - in einer Bewegung, die sich wie Tanzen anfühlt.

Schnaufend erreiche ich zwei braune Pantoffeln, ein langer Morgenmantel mit orientalischem Muster streift die Waden des Mannes - alte Waden, voll mit grauem Haar und violetten Krampfadern.

Ich blicke auf, ein alter Mann reicht mir seine geäderte Hand, kräftig zieht er mich empor, zurück auf die Beine. Eisig blaue Augen funkeln mich unter buschigen Brauen an, das weiße Haar weht lässig im Wind und zwischen dem struppigen langen Bart lächelt mich eine Weisheit des Verständnisses an. Das Willkommen-Fremder-Lächeln.

„W-wer sind sie? Wo bin ich hier?", frage ich, „Was ist das für eine Wüste?"

„Das hier? Oh, das ist keine Wüste, das ist der Mars, mein Freund", antwortet er und steckt sich eine alte Pfeife mit langem Stil in den Mund, „Und ich, ich bin Niemand."

„Ah, der Mars, warum nicht", ich zucke mit den Achseln und überblicke die Landschaft, das karge Wüstenland. „Was mache ich hier, werden wir hier leben?", frage ich und setze mich erschöpft in den heißen Staub.

„Nein, wir nicht, sie werden hier leben, mein Freund, wie sie es schon einmal taten und du, du bist hier, weil du hier sein willst."

„Gut", stöhne ich auf und lasse mich rücklings fallen. „Ist das ein Traum?"

Niemand stößt ein paar weiße Kreise aus Rauch zwischen den Lippen hervor, dann lacht er laut auf, „Oh, wer weiß das schon? Träumst du? Träume ich? Kann man sich denn je sicher sein, es nicht zu tun?"

„Weiß nicht", sage ich schulterzuckend, „ich bin es jedenfalls leid, in Wüsten zu wandeln." Daraufhin beginne ich zu weinen.

Irgendwo aus den Tiefen seines Morgenmantels kramt Niemand eine silbrig glänzende Gießkanne hervor. Er sammelt meine Tränen darin und hopst dann los, ja schwebt gar über den Sand, tanzt wie auf einem Regenbogen durch die Wüste und gießt den Sand mit meinen Tränen. Plötzlich schießen wilde Pflanzen aus dem Boden, Bäume ragen nun empor, Täler entstehen, Flüsse, Seen, Wasserfälle erfreuen sich nun ihrem erfrischenden Nass. Stein wächst empor und wird zum Berg, der Berg zum Gebirge, Tiere graben sich aus dem Sand, schütteln sich und tollen umher, Vögel fliegen aus dem Laub der Bäume und Niemand lehrt ihnen, wie ein Dirigent mit Taktstock und wilder Frisur, das Singen. Alles wächst, sprießt und erfreut sich seines Lebens, endlich wieder Farben in der Welt. Vor mir, am Himmel, erblicke ich zwei riesige Monde, der eine feuerrot und der andere eisig weiß, eine Sonne geht im Norden unter und gleichzeitig eine andere im Süden auf. Nur mein Sandhügel, auf dem ich stehe, bleibt ein Sandhügel. Ich bin ich.

Niemand steht wieder neben mir, zufrieden wandert er mit seinem gütigen Blick durch die Ferne der Landschaft, wirft seine Hände in die Luft und sagt enthusiastisch:

„Willkommen daheim mein Sohn, willkommen zurück. Oh die Magie, der Zauber in der Welt ist nicht gestorben, ist nicht fort, nein, er ist hier in dir, in deinen Gedanken, in deinem Geist. Es geht nicht darum, wirklich zu sein, in einer Realität zu leben, es geht darum, zeitlos zu leben, sei es in einem Traum, in einer Vorstellung, einer Idee, denn Güte und Liebe existiert, sie existiert hier und jetzt, doch auch damals und morgen, es macht keinen Unterschied wann etwas ist, es geht nur darum, dass es ist und alles ist, denn alles existiert. Das Böse ist nur das verirrte Gute, ein verwirrter Geist mein Freund. Fang wieder an zu glauben. Ich glaube an dich."

Vita Nova

Zum Ausklang

Der Durchbruch! Sonnenklar erscheint die Welt
vor mir. Nicht eine trübe Wolkenschicht.
Das Leben lebt vor meinem Angesicht.
Ein blaues Herz, das mir mein Herz erhellt.
Und jetzt, wo alles einen Sinn ergibt
bin ich vollkommen; In die Welt verliebt.

Sie alle unter einem Himmel. Eins.
Das Lachen meiner Seele übertönt
den Rest. Komm her. Der Anblick lohnt.
So nah. Dein Blick. Dein Herz. Wir sind vereint.
Das ist mein Leben. Eins; Das Du mir gibst.
Ich weiß, du hast dich auch in mich verliebt.

PATRICK HATTENBERG

ÜBER DAS PROJEKT

SternenBlick ist ein Projekt, das Mitte 2013 von Poesiebegeisterten initiiert wurde. Ziel ist es zeitgenössische Poesie zu fördern, unter anderem durch sorgfältig erstellte Bücher – sowohl inhaltlich, als auch optisch. Daneben ist der Ansatz der Gemeinnützigkeit eine zentrale Position von SternenBlick. Sämtliche Erlöse, auch von diesem Band, fließen daher einer Organisation zu, die die Spenden ihrerseits an bedürftige Kinder verteilt.

Alle Veröffentlichungen, aktuelle Ausschreibungen und der Spendenstatus sind der Homepage zu entnehmen:

www.sternenblick.org

Näher am poetischen Herzen

ÜBER DIE HERAUSGEBERIN

Die Wahlberlinerin studierte Neuere deutsche Philologie mit Schwerpunkt auf Editionswissenschaft. Derzeit arbeitet sie in einem etablierten Verlag.
„SternenBlick" ist ihr Herzensprojekt, das ihre Leidenschaft für Dichtkunst und Buchgestaltung vereint.

Danksagung

Ein großer Dank geht an alle Autoren des Bandes, die dieser zweiten SternenBlick-Anthologie, mit ihren berührenden Worten und hoffnungsvollen Versen, Leben eingehaucht haben. Insbesondere danken wir Euch, weil ihr dem Projekt treu bleibt und es stets nach Euren Kräften fördert. Gemeinsam können wir für die zeitgenössische Dichtkunst noch viel bewirken.

Ein ganz besonderer Dank geht an Lois Cordelia, die in wahnsinnig kurzer Zeit all diese bezaubernden, bedeutungstiefen und liebevollen Illustrationen für uns gefertigt hat.

Danke an Ben Kretlow, dem wir nicht nur die einstimmenden Worte verdanken, sondern auch den Titel des Buches, der in vielfältige Weise die dichterische Phantasie beflügelt und dadurch genau richtig ist.

Einen lieben Dank an Jessica Baar, die einen wachsamen Blick auf Texte hatte und durch ihr zügiges Lektorat mitgeholfen hat, dass dieser Band so schnell realisiert werden konnte.

Vielen Dank auch an das gesamte SternenBlick-Team: Carina, Dominik, Patricia, Lisa und Ramona. Mittels Eurer tatkräftigen Hilfe, entwickeln wir uns in alle Richtungen weiter.

Inhaltsverzeichnis

Der Horizont hat noch Farben

Wo die Wolken aufbrechen